AF272448

PARTEIEN - QUELLEN DES UNSINNS

EUROPAS WEGE IN DIE ZUKUNFT

Aufbäumen Europas

Globale Politik - Neue Allianzen

INHALTSANGABE

1. PARTEIEN-QUINTESSENZ

Die Idee, Parteien als Instrumente des Unsinns zu bezeichnen, ist provokativ und wirkt auf den ersten Blick polemisch. Doch sie wirft die ernsthafte Frage auf, welche strukturellen Schwächen Parteien dazu bringen, sich von sachlichen Diskussionen und klugen Entscheidungen zu entfernen und stattdessen Mechanismen zu entwickeln, die eher unnötige Machtkämpfe als innovative Problemlösungen fördern. In den meisten Fällen bilden die überkommenen Parteien in der heutigen Zeit eine perfekte Mischung aus kollektiver Selbstüberschätzung, ideologischer Sturheit und dem festen Glauben, dass die Welt nur gerettet werden kann, wenn man ihr erst einmal die eigene Wahrheit aufzwingt.

Eine der zentralen Kritiken an Parteien in Parlamenten ist der sogenannte Fraktionszwang. Obwohl Abgeordnete in einem demokratischen System theoretisch frei sind, nach ihrem Gewissen zu entscheiden, herrscht in der Praxis meist ein enormer Druck, sich der Parteilinie zu fügen. Dies bringt mit sich, dass individuelle Meinungen und fachliche Expertise zugunsten eines kollektiven Konsenses unterdrückt werden. Anstatt unterschiedliche Perspektiven innerhalb einer Partei auch nach außen hin zuzulassen, wird der Kadergehorsam priorisiert. Deswegen finden innovative Ideen von Einzelpersonen in Parteien keinen Raum. Modernes Kommunikations- und Problemlösungs-Management hat in die Parteipolitik noch keinen Eingang gefunden.

Das Tagesgeschäft der Abgeordneten besteht darin, zu zeigen, wie gut sie, ganz ohne eigene Ideen, der Partei-Linie folgen. Wer es wagt, aus der Reihe zu tanzen, wird sofort disqualifiziert. Eine brillante, innovative Lösung für das Rentenproblem oder die Migrationskrise zu präsentieren, steht leider nicht im Drehbuch. Man hat keine Wahl, die Partei bestimmt den Lifestyle. Die Kunst der politischen Selbstverleugnung hat ihren eigenen Reiz. Eine Tätigkeit voller Zustimmung und der ständigen Angst, den eigenen Stuhl zu verlieren, sollte man jemals wagen, einen eigenen Gedanken zu äußern. Es lebe die sorgfältig orchestrierte Einfalt, sie bedarf keiner Beherrschung von Kreativ-Techniken.

Wenn die Loyalität zur Partei wichtiger wird als die Auseinandersetzung mit den Sachfragen, verliert die Demokratie an Substanz. Entscheidungen verflüchtigen sich und werden ineffizient, da sie nicht auf fundierten Evidenz-basierten Überlegungen beruhen. Da Parteien in einem kompetitiven System um Macht und Einfluss konkurrieren müssen, verwenden sie mehr Energie darauf, politische Positionen zu sichern, anstatt langfristige Lösungen für gesellschaftliche Probleme zu entwickeln. Demzufolge orientieren sich die Entscheidungen an Wahlzyklen. Lösungen, die kurzfristig populär erscheinen, werden bevorzugt, selbst wenn sie langfristig problematisch sind. Dieser Kreislauf bewirkt, dass die Glaubwürdigkeit der Akteure in der Wählerschaft abnimmt und bei jedem Zyklus rochiert. In einer medial geprägten Welt wird Politik zunehmend auf ihre Außenwirkung reduziert. Die Frage, wie eine Entscheidung in der Öffentlichkeit wahrgenommen wird, überlagert die sachliche Auseinandersetzung.

Die Mittelmäßigkeit wird zur oberen Schwelle der Norm. Parteien neigen dazu, sich selbst gegen Kritik von außen abzuschotten und interne Schwächen zu verleugnen. In einer Umgebung, in der Anpassung belohnt wird, setzen sich oft nicht die besten Ideen, sondern die am wenigsten kontroversen durch. Die Öffentlichkeit verliert das Vertrauen in Parteien, sobald sie als ineffizient oder realitätsfern wahrgenommen werden. Dadurch erhalten populistische Bewegungen Zulauf, die vorgeben, eine Alternative zu den etablierten Parteien zu sein. Der politische Diskurs wird dann weniger von sachlichen Argumenten als von ideologischen Grabenkämpfen bestimmt. Eine Parteienlandschaft, die eher Stillstand als Fortschritt symbolisiert, trägt dazu bei, dass Bürger sich von politischen Prozessen entfremden. Die Radikalen bleiben übrig. Sie sind die engagierten Verfechter der Art und Weise, die Welt zu retten, indem sie sie vorerst vollständig abbrennen. Nach ihrer Überzeugung besteht der beste Weg zum Konsens darin, erst mal alle anderen Meinungen abzuschaffen. Deren Führer sind Meister einer Diplomatie, die jede Diskussion mit dem Motto bereichern: wer nicht für uns ist, ist gegen uns.

Eine Partei an sich stellt keinen Grundwert dar, denn dieser ist zunächst einmal parteiunabhängig ein fundamentales Prinzip, das den ethischen und moralischen Grundstock einer Gesellschaft bildet. Dazu gehören Freiheit, Gerechtigkeit, Gleichheit, Solidarität und Menschenwürde. Eine Partei hingegen ist ein politisches Organisationsinstrument, das darauf abzielt, bestimmte Ideologien und Programme innerhalb eines Systems zu vertreten und durchzusetzen. Sie kann auf der Grundlage von Werten handeln, aber sie selbst ist kein moralisches oder ethisches Prinzip.

Eine Partei des 21. Jahrhunderts ist meist eine gut finanzierte Selbsthilfegruppe, ausgestattet mit einem klassisch überholten Logo. Und wer einer Partei Grundwertstatus zuschreibt, glaubt vermutlich auch, dass der Thermomix die Grundlage des Kochens ist. Wenn sich eine Partei so sehr überhöht, ist man bald näher an der Götzenanbetung als an der Demokratie. Sie ist wie eine Pizza, die behauptet, sie hätte den Käse erfunden. Parteien meinen, sie seien die Gipfel der politischen Klugheit, doch manchmal wirken sie wie ein Treffpunkt für Menschen, die das Kollektiv für schlauer halten als den gesunden Menschenverstand, eine Art Verein, in dem zu denken vorgegeben ist, nicht zu denken, zumindest nicht zu laut, falls der Fraktionszwang mithört. Parteien lösen oftmals Probleme wie ein Elefant, der eine Fliege jagt, mit viel Aufwand, Getöse und am Ende mit einer kaputten Vase. Entscheidungen werden oft so getroffen, dass man sich fragt, ob jemand wirklich dabei war, oder ob Praktikanten heimlich die Entscheidung getroffen haben. Hauptsache, die PR-Abteilung kann danach twittern: *"wir haben geliefert."*

Die historische Obsoleszenz von Parteien bezieht sich auf den Prozess, in dem diese im Laufe der Zeit an Bedeutung verlieren, aus dem politischen System gar verschwinden oder ihre Relevanz einbüßen. Dieser Prozess ist durch verschiedene Faktoren bedingt, darunter gesellschaftliche, politische, technologische oder wirtschaftliche Veränderungen, die die Bedürfnisse und Präferenzen der Wählerschaft verändern.

Wenn sich die gesellschaftlichen Werte und Bedürfnisse grundlegend ändern, bekommt eine Partei, die ursprünglich mit den dominierenden Interessen und Werten einer bestimmten Zeit übereinstimmte, Schwierigkeiten, mit den neuen Entwicklungen Schritt zu halten. Das passiert besonders dann, wenn sie an den traditionellen Ideologien festhält und nicht in der Lage ist, auf neue gesellschaftliche Strömungen zu reagieren.

In vielen Ländern verändert sich das Parteiensystem durch neue politische Bewegungen, die die Interessen der Wählerschaft besser repräsentieren. Als logische Konsequenz werden Parteien in einem sich wandelnden System irrelevant oder marginalisieren sich selbst. Interne Krisen, Skandale oder Skandale, die das Vertrauen der Wählerschaft in eine Partei untergraben, verdeutlichen ebenfalls ihre Obsoleszenz. Wenn eine Partei nicht in der Lage ist, ihre Krisen zu überwinden oder sich von einem Skandal zu erholen, verliert sie an Bedeutung. Die neuen Formen der politischen Mobilisierung und des Dialogs lassen die alten Strukturen von etablierten Parteien verblassen.

Man könnte meinen, das Parteiensystem sei ein Relikt aus der Vergangenheit, ein wenig wie eine längst überholte VHS-Kassette. Schwelgen Parteien zu lange in ihrer Vergangenheit, werden sie irgendwann vom nächsten Meteoritenschauer, auch bekannt als neue politische Bewegungen, hinweggefegt. Sie waren mal die strahlenden

Helden des politischen Diskurses, doch heute? Wie lässt sich der Dinosaurier-Effekt der letzten Bastionen der Vergangenheit erklären? Da gibt es diese alten Parteien, die auf dem politischen Parkett noch immer so tun, als wären sie die trendigsten Kids in der Klasse. Ihre Programme sind ein Sammelsurium von Anachronismen, die vor zwei Jahrzehnten noch beeindruckt haben, aber heute nur noch ein müdes Gähnen hervorrufen. Die Wähler wenden sich in Scharen neuen Optionen zu. Skandale und Krisen tun den Rest.

Plötzlich tauchen neue Frischlinge auf der politischen Bühne auf. Sie nutzen Hashtags, Memes und Tweets, um ihre Agenda zu verbreiten. Ihre Programme sind kurz und mit mehr Emojis versehen als man sich in einer politischen Rede wünschen kann. Sie mögen nicht wissen, wie sie das Land regieren sollen, aber sie haben immerhin die besten Filter. Am Ende des Tages könnte man sich auch fragen, ob das eigentliche Problem vielleicht nicht in den Parteien selbst liegt, sondern in der Tatsache, dass sie viel zu lange gedacht haben, sie wären noch relevant. Während die Welt sich weiterdreht, bleiben sie an ihren Stammtischen und Parteisitzungen kleben, als wäre das die letzte Bastion des politischen Überlebens.

Wenn man also heute eine dieser überkommenen Parteien betrachtet, fragt man sich fast, ob sie nicht eigentlich ein grandioser Zirkus sind, mit den gleichen alten Kunststücken, die aber niemanden mehr aus dem Publikum zum Staunen bringen. Sie haben ihre Zeit gehabt. Auch die besten Zirkusnummern gehen irgendwann zu Ende. Das ist nicht der Untergang des Abendlandes, sondern die Erkenntnis, dass es irgendwann mal Zeit ist, den Staub von den alten Parteiprogrammen zu pusten und zu akzeptieren, dass die Show längst gewechselt hat.

Im Gegensatz dazu verfolgen neue politische Bewegungen ein dezentrales Modell, bei dem Entscheidungen in einem offenen Dialogprozess getroffen werden. Niemand wird von vornherein in seinem Gegenüber einen verkappten Sozi oder Schwarzen sehen. Es wird mehr Wert auf Diskurs, Konsensbildung und die Berücksichtigung unterschiedlicher Perspektiven gelegt. Ein weiteres Merkmal ist der verstärkte Einsatz von digitalen Plattformen zur Kommunikation und Entscheidungsfindung. Diese ermöglichen es, die Partizipation breiterer Bevölkerungsschichten einzubeziehen, was die Transparenz und Effizienz steigert. Durch digitale Foren können Mitglieder ihre Standpunkte darlegen und Vorschläge einbringen, ohne dass ihre Meinungen durch die strengen Hierarchien einer Partei im Voraus gefiltert werden. Sie stellen eine Reaktion auf das ständige Streben nach Parteieinheit dar und bieten eine Form der politischen Beteiligung, die sowohl die individuelle Meinung als auch die kollektive Verantwortung nach außen zu anderen Mitbewerbern ernst nimmt. Dies könnte auch einen wichtigen Beitrag zur Erneuerung und Demokratisierung bestehender Institutionen leisten.

Entscheidende Faktoren zur Lösung des Problems wären ein

Abbau des Partei-Apparat-Denkens und der Nationalismen, dafür mehr Leistungsdenken mit effizienten Evaluierungs-Formaten. Der Schwerpunkt müsste auf den Interessenslagen und ihrer Bewältigung liegen. Weniger die parteiinternen Machtstrukturen sollten im Mittelpunkt stehen, als eine offene, sachorientierte Politik. Hierzu könnten Methoden wie mehr Transparenz in Entscheidungsprozessen und die Förderung fachlich qualifizierter Kandidaten beitragen. In Europa könnte eine verstärkte Zusammenarbeit der Regionen den Weg hierfür ebnen. Regelmäßige Evaluierungen politischer Maßnahmen würden sicherstellen, dass Versprechen eingehalten und Ressourcen effizient eingesetzt werden. Es macht Sinn, die Politik stärker an den Bedürfnissen der Bürgerinnen und Bürger sowie relevanter Interessengruppen auszurichten. Der Dialog mit der Zivilgesellschaft und die Nutzung partizipativer Formate sollte Lösungen für konkrete Probleme liefern. Persönlichkeits-Assessments kommen hinzu, um sicherzustellen, dass die Führungskräfte nicht nur aufgrund politischer Loyalität oder Zugehörigkeit zu bestimmten Gruppen in verantwortliche Positionen kommen, sondern auch über die nötige Kompetenz, Integrität und Vision für das Amt verfügen.

Es entspricht einer modernen Leistungs-Struktur, Mechanismen zur öffentlichen Rechenschaftspflicht zu etablieren, um Transparenz und Verantwortung gegenüber den Wählern zu gewährleisten. Eine Möglichkeit wäre die Einführung von unabhängigen Agenturen, die die Handlungen und Entscheidungen der Parteiführung überprüfen. Diese Institutionen, vielleicht auch extern auf marktwirtschaftlicher Basis, könnten Empfehlungen zur Verbesserung der Führung und Verantwortung liefern. Wahlprozesse und die Möglichkeit für die Öffentlichkeit, Führungskräfte auf Basis ihrer Leistung und Integrität zu unterstützen oder abzuwählen, sind ebenfalls ein essenzieller Bestandteil von professioneller Accountability.

Besonders im Sicherheits- und Verteidigungswesen und in anderen sicherheitsrelevanten Bereichen müssen Strategien umfassend und flexibel sein. Keine Lösungen darf von Vornherein ausgeschlossen werden, bedeutet, im selben Maße alle Optionen zu prüfen, um auf unterschiedliche Szenarien vorbereitet zu sein. Effiziente Strategien sind zumeist innovativ und nehmen adäquat Risiken an. Deshalb sollte man gerade in Fragen der Verteidigung nicht in vorgefertigten Denkweisen verharren, sondern mutig neue Wege erkunden. Wenn Regierungen oder Führungskräfte ständig zögern und sich vor notwendigen, aber schwierigen Initiativen drücken, schränkt dies ihre Handlungsfähigkeit ein.

Strategische Weite und strikte operationelle Kompetenz in den internationalen Beziehungen beschreiben die Synergie aus langfristiger, visionärer Planung und präziser, wirkungsvoller Umsetzung auf operativer Ebene. Diese beiden Elemente sind essenziell für den Erfolg von Staaten, internationalen Organisationen und global agierenden Unternehmen. Diese Fähigkeit ermöglicht es Akteuren, bestehende Regelwerke der internationalen Politik aufrechtzuerhalten, weiterzuentwickeln oder neue Strukturen zu schaffen. Sie bildet die Grundlage für eine souveräne und gestaltende Rolle in der globalen Ordnung. In der operationellen Kompetenz kommt es auf ein effizientes Ressourcenmanagement zur optimalen Nutzung vorhandener Kapazitäten an. Die kontinuierliche Leistungsüberwachung ist unerlässlich.

Die Verbindung aus strategischer Weite und strikter operationeller Kompetenz, ermöglicht es, dass Staaten und internationale Akteure nicht nur langfristige Visionen entwickeln, sondern diese auch mit hoher Effizienz und Anpassungsfähigkeit umsetzen können. Sie entscheidet darüber, wer in der internationalen Politik Akzente setzt und wer nur reagiert. Wer beides beherrscht, kann langfristig nicht nur bestehen, sondern aktiv die Spielregeln der globalen Ordnung mitgestalten.

Die wahre Kunst besteht also darin, langfristige Ziele zu setzen, ohne sich auf dem Weg dorthin zu verirren und gleichzeitig die kleinen Stellschrauben so zu drehen, dass sie das große Rad bewegen. Wer das beherrscht, schreibt die Regeln der internationalen Ordnung, wer nicht, spielt nach denen anderer. Jedenfalls wird man den globalen Verkehr nicht einfach auf Autopilot stellen können, während man sich die Weltkarte von der Liege aus anschaut.

Besonders in Krisenzeiten, wenn schnelle und fundierte Entscheidungen notwendig sind, wird Zögern als Schwäche wahrgenommen. Psychologisch erkennt man solche Entscheidungs-Schwächlinge schon an ihrem Auftreten, ihrer Körpersprache und rhetorischen Ausdrucksweise. Wie viele laufen in Unternehmen und in der Parteipolitik herum, ohne sich je einer Bewertung ausgesetzt zu haben? Die schwachen politischen Resultate in den mitteleuropäischen Politiken oder auch Firmen-Ergebnisse, etwa in der Automobilindustrie, bezeugen dieses Manko. Oftmals verstecken sie sich hinter grau gebliebenen Arbeits-Titeln von Universitäten, ohne ein Leistungsprogramm je in der Praxis erfolgreich ibewältigt zu haben.

Welche Relevanz hat eine professionelle Bewertung aus der empirischen Beurteilung? Maßgebend ist, dass diese Entscheidungen fundiert sind und auf klaren Analysen basieren. Wer hat es schon ausgiebig gelernt, mit Analysen richtig umzugehen? Führungskräfte müssen sich der Tragweite ihres Tuns bewusst sein und verantwortungsbewusst handeln, auch wenn dies Risiken birgt. Eine Führung, die keine wohlüberlegten Entscheidungen trifft, wird als visionär schwach wahrgenommen.

Sollte die wundervolle Welt der Führung ein Ort sein, an dem Vision oft mehr bedeutet als Fakten und der Begriff Verantwortung wie ein Rätsel klingt, das nur in sehr exklusiven Workshops entschlüsselt wird? Wer braucht schon Analysen, wenn man die Fähigkeit besitzt, mit einem Augenzwinkern in die Zukunft zu blicken und eine Entscheidung zu treffen, die von vornherein auf den Flügeln des Bauchgefühls getragen werden? Führungskräfte in der Politik, die ernsthaft auf empirische Daten hören, sind in der Tat selten, fast so selten wie eine tiefgründige Diskussion über die tatsächlichen Auswirkungen von Entscheidungen.

Wer braucht schon am Ende des Tages einen klaren Plan, wenn man ein gutes Gefühl hat? Natürlich ist es völlig unbedeutend, dass die letzten fünf visionären Entscheidungen auf einem dicken Berg von Fehlern und halbherzigen Rücktrittserklärungen beruhen. Was dort zählt, ist nicht das Ergebnis, sondern der Glaube an den Pfuscher, der niemals nach einer fundierten Analyse fragt. Schließlich, wer schon einmal Führung aus dem Bauch heraus betrieben hat, kann sich wohl kaum vorstellen, dass eine echte, durchdachte Entscheidung mehr wiegt als das Verlassen auf ein vages „Wir schaffen das schon!"

Führungskräfte sind dafür verantwortlich, nicht nur aktuelle Probleme zu lösen, sondern auch die langfristigen Herausforderungen zu antizipieren. Ohne eine klare Vision und entschlossene Maßnahmen fehlt der Schwung, der ein

Land in schwierigen Zeiten voranführt. Wenn keine mutigen und entschlossenen Schritte unternommen werden, gefährdet dies nicht nur die politische Stabilität, sondern schädigt auch die gemeinsame Sicherheit und das Vertrauen in die Regierungen. Eine Führung, die nicht entschlossen handelt, läuft Gefahr, die Kontrolle zu verlieren und langfristige negative Auswirkungen auf die Gesellschaft zu riskieren.

2. SPEZIALFÄLLE DER PARTEIENLANDSCHAFT

Brechen die Rechts-Populisten in den Niederlanden die Deiche in ihrem Land? Sie sind so sehr damit beschäftigt, Deiche gegen kulturelle Fluten zu errichten, dass sie glatt die Realität vergessen. Während sie die vermeintliche Überschwemmung durch Einwanderer stoppen wollen, könnte es passieren, dass die eigentlichen Deiche wegen Vernachlässigung ins Rutschen geraten, Hauptsache der Wahlkampf läuft trocken. Wer braucht dann noch Klimaschutz, wenn man stattdessen die Mauern des Nationalismus hochziehen kann? Die echten Deiche kriegen das schon irgendwie alleine hin.

Rechtspopulisten wie die Partei von Geert Wilders oder andere neuere Akteure haben in den Niederlanden an politischem Einfluss gewonnen. Ihre Programme beinhalten häufig Maßnahmen, die gegen die etablierten politischen Strukturen oder gegen internationale

Klimaschutzmaßnahmen gerichtet sind. Sie würden all zu gerne Umweltauflagen lockern, die im Grunde genommen für den Schutz von Natur und Wasserhaushalt wichtig sind. Die Behandlung dieser Themen führt zu einer Polarisierung der Öffentlichkeit. Die traditionellen politischen Strukturen sind nun herausgefordert. Sobald populistische Parteien die politische Agenda dominieren, werden die langfristigen Herausforderungen wie Klimawandel und soziale Gerechtigkeit vernachlässigt, Themen, die für Land und Bürger von entscheidender Bedeutung sind. Die Unzufriedenheit mit den etablierten Parteien wächst allerdings, weil diese aus der Sicht vieler Bürger als ineffektiv oder abgehoben wahrgenommen werden, insbesondere bei Themen wie Migration, innere Sicherheit und sozialer Gerechtigkeit.

Die fehlende Fähigkeit, Migration differenziert zu gestalten und zu kommunizieren, hat in den Niederlanden wie in anderen Ländern dazu beigetragen, dass rechtspopulistische Parteien mit simplifizierten Botschaften

Zulauf fanden. Wenn klassische Parteien nicht überzeugend handeln oder keine klare Linie vorgeben, wirkt dies wie ein Machtvakuum, das dann die Populisten füllen. Die üblichen Parteien tragen tatsächlich eine Mitschuld, weil sie es nicht schaffen, auf reale oder gefühlte Probleme zu reagieren. Sie überlassen diese Themen den Populisten, anstatt selbst Lösungen zu präsentieren. Dies hat weitgreifende europäische Auswirkungen, da sich ähnliche Trends in anderen Ländern beobachten lassen. Steht da eine brillant verzerrte Zukunft nach dem Vorbild des Wilden Westens an, wo jeder für sich selbst sorgen will? Politische Parteien mutieren in TV-Show-Formaten zu selbstgerechten, oft hilflosen Schwindlern. Das politische Management geht stracks auf eine Bankrott-Erklärung zu.

Die Herausforderung besteht darin, wieder Vertrauen aufzubauen, am besten in europäischer Übereinstimmung. Die im Augenblick grundlegenden Themen von Migration und Sicherheit müssen transparent, pragmatisch und sozialverträglich behandelt werden. Ohne überzeugende

Antworten wird es schwer, das Erstarken des Populismus einzudämmen. Das Verlangen nach einem gemeinsamen europäischen Politik-Managements wird deutlich. Denn solche Themen sind nicht mehr allein auf nationaler Ebene zu lösen. Sie erfordern abgestimmte, grenzüberschreitende Strategien und eine stärkere Zusammenarbeit auf EU-Ebene. Migration ist ein Paradebeispiel dafür, wie nationale Politik an ihre Grenzen stößt. Kein einzelnes EU-Land kann die komplexen Migrationsströme alleine bewältigen. Die ungleiche Verteilung der Verantwortung für Geflüchtete zwischen südlichen Ländern wie Italien und Griechenland und den nördlicheren Staaten wie den Niederlanden oder Deutschland führt verständlicherweise zu Spannungen.

Die innere Sicherheit hängt heute eng mit europäischer Zusammenarbeit zusammen, da Bedrohungen wie Terrorismus, Cyberkriminalität oder organisierte Verbrechen grenzüberschreitend auftreten. Vereinzelte staatliche Sicherheitsmaßnahmen greifen zu kurz, wenn die Daten, Ressourcen und Strategien nicht effizient geteilt werden. Ein handlungsfähiges Europa, das echte Lösungen liefert, würde jeder provozierenden Rhetorik den Boden entziehen.

Die Stärkung europäischer Institutionen und die Bewältigung globaler Herausforderungen setzen aber auch eine aktive Beteiligung der Bürger voraus. Wahlen sind das wichtigste demokratische Instrument, um Institutionen Legitimität zu verleihen und die politischen Weichen in die optimalste Richtung zu stellen. Viele Bürger unterschätzen den Einfluss des Europäischen Parlaments oder der Kommission. Eine stärkere Betonung der Rolle der EU-Wahlen könnte ihre Wirksamkeit bedeutend anheben. Würde die Wahlbeteiligung weiter sinken, erreicht Politik den Status, in dem die wahren Wahlsieger diejenigen sind , die am meisten Tiktok schauen und dann Partei-Kandidaten aufstellen, die versprechen, Europa wie ein perfektes Wochenende zu organisieren.

Werden Wahlen ignoriert, könnte sich Europa in ein riesiges

Online-Forum verwandeln, in dem alle in schneller Abwechslung auf X oder TikTok über wichtige politische Entscheidungen abstimmen. Das Ergebnis wäre im besten Fall eine ständige Rotation im Austausch von Beschlüssen und Richtlinien. Stabile politische Institutionen sind dann nicht mehr gebraucht. Stelle man sich vor, 27 Länder würden sich zu einer riesigen *Spontanversammlung* zusammenschließen, bei der jeder, der laut genug schreit, automatisch zum Präsidenten des Europäischen Chaos-Kommandos wird. In regelmäßigen Abständen wäre dann eine neue Führungskraft an der Reihe, die ihre Entscheidungen durch ein Fan-Voting oder einen Whistleblower-Wettbewerb trifft - keine Wahlbeteiligung mehr, entschieden wird alles am Großen Lagerfeuer. Es wäre der perfekte Moment für eine Neuinterpretation vom Reality-Fernseh-Konzept „Survivor", bei der die Wähler ihr Schicksal mit einem Zufallsgenerator bestimmen.

Die ultrarechte Chega-Partei in Portugal verfolgt eine nationale Agenda, die in vielerlei Hinsicht stark mit den populistischen Bewegungen in anderen europäischen Ländern vergleichbar ist. Obwohl es eine relativ neue Partei ist, hat sie in kurzer Zeit eine beachtliche Anhängerschaft gewonnen. Bei den Parlamentswahlen 2019 erzielte die Partei noch geringe Ergebnisse, doch bei den Parlamentswahlen 2022 konnte sie einen Durchbruch erzielen und eine signifikante Zahl an Sitzen im portugiesischen Parlament gewinnen. Die Partei erhielt insbesondere Unterstützung aus ländlichen Gebieten und von Wählern, die sich von den etablierten Parteien enttäuscht fühlten, die sie als zu weit entfernt von den Bedürfnissen der Bevölkerung wahrnehmen. Sie hat insbesondere von der zunehmenden Unzufriedenheit mit der der politischen Elite profitiert. Sie hat erfolgreich Themen wie die Angst vor einer Vereinnahmung der portugiesischen Gesellschaft angesprochen und polarisiert damit die öffentliche Debatte. Ihr wird von der anderen Seite vorgeworfen, populistische Angstmacherei zu betreiben, um Wählerstimmen zu gewinnen, indem sie komplexe soziale und wirtschaftliche Probleme auf einfache, aber radikale Lösungen herunter bricht. In einer Zeit, in der populistische Bewegungen in ganz Europa an Stärke gewinnen, wird Chega vermutlich in Zukunft eine bedeutende Rolle spielen, für einige als notwendige Alternative, für andere als bedrohliche Kraft, die den gesellschaftlichen Zusammenhalt gefährdet.

Der rasche wirtschaftliche Wandel führt oftmals zu Verunsicherung in ländlichen Regionen, die sich von der Entwicklung abgehängt fühlten. Bewegungen wie die US-amerikanische People's Party entstanden als Reaktion auf die Dominanz des Großkapitals und setzten sich für die Interessen der Farmer ein. Verblüffend war dann, als gerade rücksichtslose Großkapitalisten als Wölfe im Schafsgewand die späteren Wahlen gewannen. Die Kombination aus wirtschaftlichen Unsicherheiten, ideologischen Strömungen und gezielten politischen Strategien schuf in all diesen Staaten einen fruchtbaren Boden für nationalistische Ideen in ländlichen Regionen.

Vlaams Belang in Belgien setzte sich von Anfang an für die Förderung des flämischen Nationalismus und die Unabhängigkeit Flanderns von Belgien ein. Die Partei hat sich schnell als eine der Hauptakteurinnen im politischen Spektrum der flämischen Rechten etabliert, indem sie sich als starke Stimme gegen die Regierungspolitik und gegen die Wahrnehmung der politischen Elite positionierte. Die etablierten Parteien lehnen es ab, mit Vlaams Belang zusammenzuarbeiten, was die Partei zu einem konstruktiven politischen Dialog zunehmend ausschließt. Sie hat jedoch in den letzten Jahren verstärkt versucht, mit anderen nationalistischen und rechtspopulistischen Kräften in Europa zusammenzuarbeiten, um ihre politische Agenda auf europäischer Ebene voranzutreiben.

Es begann alles mit einem zarten Flügelschlag. Die ersten extremen Parteien tauchten in Europa wie die unauffälligen, aber gefährlichen Mücken auf, die das stille Gewässer der Politik störten. In den 1990er Jahren, als Europa noch in seinen bunten Post-Wende-Jahren schwelgte, gab es nur wenige, die sich über die Radikalen Gedanken machten. Die Rechten und Linken spielten noch nett miteinander im europäisch unbeschwerten Post-War-Setting des Kalten Krieges. Doch wie bei jedem guten Rezept für politische Verwirrung, reichten ein paar wirtschaftliche Krisen, gesellschaftliche Ängste und ein zunehmendes Gefühl der „Wir-sind-zu-viele-hier"-Mentalität und schon war die extremistische Party im Gange. Kann man sich denn noch auf den verstaubten Konsens der Mitte verlassen? Und so ziehen die extremistischen Parteien los mit dem Slogan „Weniger Europa! Mehr nationale Flaggen in unseren Wohnzimmern!"

Die Partei der AfD in Deutschland hat sich wie eine dieser viralen Social-Media-Geburten entwickelt. Es begann als Scherz einiger erfolgloser Ökonomen, plötzlich war jeder dabei. Sie zeigten, dass man mit ein bisschen Populismus, einer Portion Respektlosigkeit und viel Angst vor der Zukunft durchaus die politische Szene aufmischen kann.

Hauptsache, es klingt einfach. Am besten beherrschen die Extremisten die Kunst des „Shocking, Rhetorik- Overload". Die soziale Medienwelt hat das Ganze auf die Spitze getrieben. Wer braucht noch eine solide politische Diskussion, wenn man die Massen einfach mit Schlagwörtern wie „Multikulti-Wahn"-Slogans anheizen kann? Am besten, wenn man in kurzen, prägnanten Videos alles erklärt, wie die nationale Identität gestohlen wird und wie man sich am einfachsten von den intellektuellen Eliten retten kann. Extreme Parteien sind immer hungrig danach, wie sie die politische Unterhaltung auf die nächst tiefere Stufe senken können. Vielleicht mit populistischen Reality-Shows à la „Wer ist der größte Feind der Nation?" oder „Politik mit Wut - die einzige Lösung!"

In Frankreich sind Marine Le Pen und ihre Partei, das Rassemblement National, ehemals bekannt als Front National, seit Jahren eine der markantesten Stimmen in der französischen Politik. Mit ihrer Mischung aus Nationalismus, EU-Skepsis und populistischen Botschaften hat Le Pen die politische Landschaft Frankreichs erheblich beeinflusst und polarisiert. Sie ist eine geschickte Politikerin, die es geschafft hat, populistische Themen in Frankreich salonfähig zu machen. Ihre Strategie beruht darauf, sich als Stimme des Volkes gegen die politische Elite zu präsentieren. Marine Le Pen, die Selfmade-Frau des französischen Nationalismus - wer braucht da noch Jean d'Arc, wenn man Marine hat, die unermüdlich gegen die bösen Globalisten kämpft? Ihr Rezept ist einfach und effektiv: man nehme eine Portion Angst, mische sie mit Nationalstolz und würze alles mit einer Prise EU-Skepsis. Voilà, fertig ist der politische Bestseller, der Frankreich seit Jahren in Atem hält. Madame ist clever, sie hat gelernt, dass ihre Partei mit dem alten, groben Charme ihres Vaters, Jean-Marie Le Pen, nicht weit kommt. Holocaust-Leugnungen und offene Hetze sind passé. Stattdessen gibt sich das Rassemblement National jetzt modern, fast freundlich. Marine lächelt in Talkshows, spricht von "Liebe zur Nation" und kritisiert die EU, während sie deren Gelder gerne annimmt, eine Frau mit einer Vorliebe für nationale

Souveränität, auch einem Faible für russisches Kleingeld.
Während sie auf französischen Bühnen lautstark die
Unabhängigkeit von bösen ausländischen Einflüssen
fordert, hat sie offenbar nichts dagegen, wenn ein gewisser
Wladimir Putin ihr ein kleines Finanzpolster bietet. Ein
echter PR-Geniestreich.

Bei all der Aufmerksamkeit, die auf die rechte Seite gelenkt
wird, darf man auf der Fahrt im Überland-Bus der Politik
nicht vergessen, durch die Fenster auch auf die linke Seite
zu schauen. Während populistische Bewegungen auf der
rechten Seite an Einfluss gewinnen und die Mitte in vielen
Ländern schwächer wird, ringt die Linke immer noch mit
internen Widersprüchen, gesellschaftlichen Veränderungen
und einem oft fehlenden Zugang zu breiteren
Wählerschichten. Während Marine Le Pen die französischen
Grenzen dichtmachen will, träumt die Linke davon, das
kapitalistische System einfach abzuschaffen, obwohl im
heimtückischen Kommunismus Chinas ein nicht zu
übersehenden Staats-Kapitalismus gepredigt wird.

Sozialistische Brachialdemokratie neuesten Stils besteht darin, kritische Stimmen als reaktionär oder demokratiefeindlich abzustempeln. Linkspopulistische Segmente betonen ihre demokratische Legitimation, um dann in der Praxis wirtschafts- und fortschrittsfeindliche Aspekte durchzusetzen. Wer nicht mitzieht, wird diskreditiert oder aus Entscheidungsprozessen ausgeschlossen. Der politische Gegner wird nicht als legitime Alternative betrachtet, sondern als Hindernis, das es zu überwinden gilt. Während die klassische sozialistische Planwirtschaft in der Ökonomie gescheitert ist, findet sie in der Gesellschaftspolitik eine Renaissance. Strikte Gleichmacherei, Regulierung von Sprache und Meinung und Einschränkung unliebsamer Narrative erfolgen im Namen einer linksorientierten Ideologie. Systemanalytisch geht es um das Grundprinzip eines sozialistischen Absolutismus mit eingeschränkter Meinungsvielfalt gepaart mit administrativer Härte. Wer nicht mitmacht, wird nicht einfach widerlegt, sondern delegitimiert. Und genau darin liegt die eigentliche Gefahr der Linksorientierten, die sich selbst als unfehlbar betrachten und damit aufgehört haben, demokratisch zu sein. Demnach gibt, wer erfolgreicher ist, einfach ein bisschen mehr ab, freiwillig natürlich, per Gesetz. Und wer Fragen stellt, ob das auf Dauer funktioniert, hat den Sinn von Solidarität einfach noch nicht verstanden. Die sozialistische Brachialdemokratie ergibt sich als die perfekte Mischung aus *Mitbestimmung und Mitdiktat.* Sie schützt die Menschen vor den Gefahren falscher Entscheidungen, indem sie ihnen einfach die richtigen vorgibt. Wer braucht schon Pluralismus, wenn man Recht hat?

Bei all diesen Abwägungen darf der historische Kommunismus mit all seinem Leid und Unheil, das er hervor gebracht hat, nicht vergessen werden. Von der Sowjetunion unter Stalin bis zu Maos China hat der Kommunismus autoritäre Regime an die Oberfläche gespült, die sich auf Repression stützten, um ihre Macht zu sichern. Geheimpolizei, Gulags, politische Säuberungen und

Massenüberwachung wurden zu den tragischen Markenzeichen des Kommunismus. Meinungsfreiheit, Pressefreiheit und politische Vielfalt wurden systematisch unterdrückt und viele Bürger lebten in ständiger Angst vor Repression. Die Mauer, die Ost und West trennte, war ein physisches und symbolisches Zeichen der Unterdrückung und des Versagens eines Systems, das Menschen nur durch Zwang halten konnte.

Die kommunistischen Experimente des 20. Jahrhunderts hatten gezeigt, wie ideologische Theorien in totalitäre und menschenverachtende Systeme umschlagen können. Eine Lehre daraus ist, dass keine Ideologie, auch nicht die des modernen Kommunismus, über demokratische Kontrolle und Menschenrechte gestellt werden darf. Die zentrale Planwirtschaft hat sich immer als ineffizient erwiesen, weil sie nicht flexibel auf die Bedürfnisse einer komplexen Gesellschaft reagieren kann. Eine moderne Wirtschaft muss Innovation und Wettbewerb zulassen, wobei soziale Gerechtigkeit und Nachhaltigkeit integriert werden.

Die linksorientierten Ideologien dürfen nicht aus ihrer fatalen Vergangenheits-Verantwortung entlasse werden. Gerade dort liegt der Kanckpunkt, an dem sich Links-Parteien die Zähne ausbeißen. Ihre europäische Ausrichtung trägt unübersehbar noch das Gen der euopäischen Vorherrschaft in Europa. Nicht anders ist das unverständliche Bremsen von Kanzler Scholz in der militätischen Unterstützung der Ukraine zu erklären. Die Aufteilung Osteuropas war immer schon gern gesehen in der linken Reichshälfte. Und sie reicht bis in die heutigen Zeiten. Die wirtschatliche Freundschaft mit dem großen Nachbarn im Osten war bis zuletzt wichtiger als die Sicherung Osteuropas. Scholz und die Ukraine, vielleicht ist sein Zögern in Sachen Unterstützung ein geheimes Manifest roter Diplomatie – lasst uns lieber noch 500 Runden Kaffee trinken und über das richtige Maß nachdenken. Die wirtschaftliche Freundschaft mit dem großen Nachbarn im Osten erinnert an die alte Liebe, die man nie ganz loslässt.

Geschichtsvergessenheit, also das mangelnde Wissen oder bewusste Ignorieren historischer Ereignisse und Zusammenhänge, hat weitreichende Auswirkungen auf Individuen, Gesellschaften und politische Systeme. Wenn die Lehren der Vergangenheit nicht mehr berücksichtigt werden, entstehen Gefahren, die nicht nur demokratische Werte und sozialen Zusammenhalt bedrohen, sondern auch den Fortschritt einer Gesellschaft hemmen. Wenn die Lehren der Vergangenheit ignoriert werden, erstarken wieder antidemokratische Tendenzen. Rechtspopulistische Bewegungen nutzen dieses schwindende Geschichtsbewusstsein aus, um demokratische Errungenschaften zu untergraben. Geschichtsvergessenheit verhindert, dass Gesellschaften aus vergangenen Fehlern lernen. Die kritische Auseinandersetzung mit der Geschichte ist notwendig, um Fortschritte in Bereichen wie Menschenrechte, soziale Gerechtigkeit und internationale Zusammenarbeit zu erzielen.

Das gilt für linke Geschichtsvergessenheit genauso wie für

die rechte. Oder lehren die Diktaturen und die finsteren Epochen der jüngeren Geschichte gar nicht, wie alles anders würde, wenn man einfach die guten alten Zeiten des Rechtsrucks zurückbringt? Die Auswirkungen dieser bequemen Vergessenheit sind nicht zu unterschätzen. Wer sich weigert, sich mit der Vergangenheit auseinanderzusetzen, macht es populistischen Parteien und antidemokratischen Strömungen besonders leicht, den Staub der Geschichte abzuwischen und zu erzählen, dass mit mehr Nationalismus, weniger Menschlichkeit und einer ordentlichen Portion „Wir-versus-Die"-Rhetorik. Nichts schief gehen kann.

Die üblichen Rituale der etablierten klassischen Parteien entsprechen nicht mehr dem Modus einer modernen globalen Herangehensweise. Langwierige Parteitage, symbolische Zeremonien oder undurchsichtige Entscheidungsprozesse wirken nicht ansprechend oder effizient genug für eine Generation, die an schnelle, transparente und digitale Interaktion gewöhnt ist. Die globale Herangehensweise erfordert mehr interkulturelle Zusammenarbeit und innovative Methoden, die über etablierte Traditionen hinausgehen. Moderne Ansätze verlangen eine agile und lösungsorientierte Haltung, während klassische Parteien häufig durch starre Strukturen, Rituale und verkrustete Hierarchien geprägt sind. Kaum eine andere Herangehensweise schreit die Absurdität hinaus als ein Abschlussfoto, bei dem alle Partei-Granden ernst in die Kamera schauen und im Hintergrund ein KI-generiertes Motto prangt: *"Tradition trifft Transformation"*.

Die etablierten Parteien-Systeme stehen vor gewaltigen Wandlungsprozessen. ilre Herangehensweisen müssen sie an die Anforderungen einer modernen, globalisierten Welt anpassen. Die traditionellen Strukturen und Rituale der Parteien scheinen zunehmend in Konflikt mit den Erwartungen und Bedürfnissen der Wählerschaft zu geraten. Die schnelllebige Entwicklung und tiefgreifende Globalisierung stellen neue Anforderungen an die politischen Akteure. Ein Modell drängt sich auf, in dem politische Parteien durch Interessengruppen ersetzt werden, die sich themenbezogen oder auf gemeinsamen Zielen basierend organisieren. Dieses Konzept könnte das politische System dynamischer machen und besser auf spezifische Bedürfnisse und Anliegen der Bürger eingehen.

Interessengruppen sind befähigt, schneller auf aktuelle gesellschaftliche, ökologische oder wirtschaftliche Probleme zu reagieren, ohne an starre Parteiprogramme gebunden zu sein. Auf überregionaler Ebene könnten Allianzen entstehen, die auf gemeinsamen Zielen statt auf ideologischen Differenzen beruhen. Eine solche Struktur erleichtert die Partizipation, da sich die Bürger mit konkreten Themen besser identifizieren können als mit einer breit aufgestellten Partei.

Statt über Parteien könnten Kandidaten in thematischen Plattformen oder Interessengruppen zu Wahlen antreten. Bürger wählen dann keine Parteien, sondern Programme zu diversen Themen. Online-Plattformen zur Unterstützung von Interessengruppen erleichtrn den Überblick. Dazu gäbe es einen Mechanismus, der die Zusammenarbeit zwischen verschiedenen Interessengruppen belebt und dabei Effizienz und Transparenz sicherstellt.

Um den Übergang zu erleichtern, würden vorübergehend die aktuellen Parteigruppen als Basis für die Bildung von derartigen Interessengruppen dienen. Die letzten Wahlergebnisse in vielen europäischen Staaten deuten auf eine solche Praxis bereits hin. Ein effizient ausgearbeitetes Programm könnte langfristig zu mehr Bürgernähe und Flexibilität führen. Die rechtlichen, institutionellen und kulturellen Veränderungen müssten den Leistungsmerkmalen entsprechend in Angriff genommen werden. Ein schrittweiser Ansatz, der Pilotprojekte und breite öffentliche Diskussionen umfasst, würde die Akzeptanz erleichtern und die die Erfolgschancen erhöhen.

3. VON DER UNERTRÄGLICHKEIT DES PARTEIDENKENS

Allzu oft erleben wir in der Politik ein Schaulaufen ideologisch fixierter Parteidenker, für die der politische Gegner nicht ein Partner in der Demokratie, sondern ein Feind ist, den es zu besiegen gilt. Der Parteienstreit, ursprünglich eine Erfindung der Demokratie, verkommt so immer mehr zur Blockade und das oft auf Kosten der Bürger. Obwohl die Herausforderungen unserer Zeit wird Politik oft zur Bühne dogmatischer Prinzipienreiterei. Entscheidungen werden nicht getroffen, weil sie sinnvoll sind, sondern weil sie ins eigene ideologische Weltbild passen oder der Konkurrenz eins auswischen.

Man kennt das Muster: eine Partei schlägt eine Idee vor, die objektiv sinnvoll wäre, aber die Opposition lehnt sie reflexartig ab, einfach weil sie von der falschen Seite kommt. Reformen, die langfristig notwendig wären, werden blockiert, weil sie kurzfristig unpopulär sind oder nicht in das Wahlkampf-Narrativ passen. Wichtige Debatten werden durch parteitaktische Manöver verwässert oder in Symbolpolitik umgewandelt, sodass am Ende wenig Substanz bleibt. Reformen, die langfristig notwendig wären, scheitern, weil sie kurzfristig unpopulär sind oder sich nicht mit dem Wahlkampf-Narrativ vertragen. Statt mutiger Entscheidungen gibt es Verzögerungstaktiken, und statt echter Problemlösung dominieren Symbolpolitik und Schlagzeilen-getriebene Debatten.

Parteien sind zunehmend getrieben von kurzfristigem Wahlerfolg und dem Druck, sich medial in Szene zu setzen. Langfristige Konzepte sind schwer vermittelbar. So werden ernsthafte politische Fragen auf simple Gegensätze reduziert, wie Markt versus Staat, Wachstum versus Umwelt, Sicherheit versus Freiheit. Die Politikverdrossenheit ist nicht das Resultat mangelnden Interesses, sondern die Reaktion auf eine Politik, die sich immer weiter von der Realität entfernt. Die Lösung wäre eine Politik, die sich stärker an Sachfragen orientiert und nicht an parteitaktischen Zwängen und eine Kultur, in der auch der politische Gegner gelegentlich Recht haben darf, ohne dass es als Schwäche gewertet wird. Eine Öffentlichkeit, die nicht nur auf die nächste Skandalschlagzeile wartet, sondern echte Debatten fordert. Heute erstickt Demokratie am Lagerdenken, anstatt von Vielfalt zu profitieren. Vielleicht wäre es an der Zeit, weniger über die Farben von Parteiprogrammen zu streiten und mehr über tatsächliche Inhalte.

Ein System der Aushandlungsdemokratie mit hoher Konsensbereitschaft bedeutet, dass politische Entscheidungen durch Verhandlungen zwischen verschiedenen Akteuren getroffen werden. Mehrheitsentscheidungen mit falschen Gegensätzen werden ausgeschlossen. Die klassischen Parteien würden sich stärker zu Interessensgemeinschaften wandeln, um rasch zu pragmatischen Lösungen zu kommen. Ziel wäre eine Beschleunigung der Entscheidungsfindung, ohne die demokratische Legitimität zu gefährden.

Weg von reinen Ideologieparteien hin zu Interessenbündnissen, die sektorale Anliegen vertreten, bildet Vertrauen zwischen den einzelnen Gruppierungen. Regelmäßige interfraktionelle Arbeitsgruppen ermöglichen stabile und langfristige Problemlösungen. Ein solcher Wandel könnte die Handlungsfähigkeit der Demokratie stärken, indem Entscheidungsprozesse beschleunigt und gleichzeitig die Akzeptanz politischer Beschlüsse erhöht werden. Die Umsetzung erfolgt in der Kombination aus institutionellen Reformen, Veränderungen der Parteienlandschaft und neuen Kooperationsmechanismen.

Entscheidungen würden nicht mehr entlang veralteter Parteigrenzen fallen, sondern durch Aushandlung zwischen unterschiedlichen Gruppen mit spezifischen Sachinteressen. Kontinuierliches Verhandeln in flexiblen Koalitionen lassen Reformen effizienter umsetzen, ohne dabei auf starre Einstellungen angewiesen zu sein. Digitale Plattformen befördern diesen Wandel, indem sie politische Entscheidungsprozesse transparenter und partizipativer gestalten. In einem solchen Modell wären Parteien nicht mehr monolithische Organisationen mit festen Mitgliedschaften, sondern dynamische Netzwerke, die sich je nach Thema neu formieren.

Ein positiver Parteien-Turn-Around hin zu neuen, progressiven Bewegungen erfordert einen strukturierten und nachhaltigen Wandel, sowohl in der politischen Kultur als auch in der Art und Weise, wie Parteien ihre Politik gestalten. Statt sich auf alte, bewährte politische Rezepte zu verlassen, könnten progressive Bewegungen geeignet sein, neue Lösungen zu entwickeln, die den aktuellen Herausforderungen gerecht werden. Dies würde die Einführung innovativer politischer Konzepte wie im Sozialen das bedingungslose Grundeinkommen, eine grüne Infrastruktur oder eine Reform des Steuersystems umfassen.

Auch ein Umstieg auf eine politisch modernere, digital unterstützte Arbeitsweise inklusiver moderner

Problemlösungsvorgänge könnte politischen Gruppierungen ein zeitgemäßes, progressives Image verleihen. Die Zusammenarbeit mit anderen Mitbewerbern ist entscheidend, um die politische Landschaft zu verändern. Solche Bündnisse könnten Kräfte bündeln, um global gesellschaftliche Veränderungen voranzutreiben. Um ein echtes Agens des Wandels zu sein, ist es entscheidend, dass die neuen Gruppierungen in ihren Aussagen und Taten konsistent sind. Sie sollten sich nicht nur als progressiv darstellen, sondern auch in ihren Politiken glaubwürdig und nachhaltig in die richtige Richtung gehen, bei gleichzeitiger Ablehnung populistischer Tendenzen. Ein Programmkatalog sollte eine Mischung aus sozialer Gerechtigkeit, ökologischer Verantwortung und wirtschaftlicher Innovation widerspiegeln. Die politischen Ziele sollten auf aktuelle und zukunftsorientierte Herausforderungen eingehen, dabei aber inklusiv, nachhaltig und gerecht sein. Bewegungsspielräume entstehen durch gesellschaftliche Unterstützung, deshalb ist es wichtig, Menschen mit auf die Reise zu nehmen, nicht nur per Gesetzesvorgaben, sondern durch Überzeugung und Perspektiven.

Ja, das ist möglich, aber es erfordert strategische Weitsicht, konsequente Umsetzung und eine gute Balance zwischen Idealismus und Realpolitik. Ein echtes Agens des Wandels zu sein bedeutet nicht nur, fortschrittliche Ideen zu vertreten, sondern auch, sie glaubwürdig in politische Realität zu überführen. Die Grundlage wird die ständige Verbesserung des Zugangs zu qualitativ hochwertiger Bildung sein, von der frühen Kindheit bis hin zu lebenslangem Lernen. Dann lassen sich Startups und Innovationen, die eine nachhaltige Wirtschaft unterstützen, auch überzeugter fördern. Will man mehr Transparenz in politischen Entscheidungsprozessen an den Tag legen, müssten die Drehtür-Praktiken zwischen Politik und Lobbyismus verhindert werden. Die Einführung strenger Datenschutzgesetze, um die Rechte der Bürger im digitalen Raum zu schützen, bedingt auch die Sicherstellung der

Meinungsfreiheit bei gleichzeitiger Bekämpfung von Online-Fehlinformationen.

4. MODERNITÄT DER EINSTELLUNGEN

Die zunehmende gesellschaftliche und politische Polarisierung steht im Zusammenhang mit der Verbreitung von Fake-News und der Bildung gleichgesinnter Nutzerblasen im Internet. Gezielt verbreitete Falschinformationen tragen dazu bei, dass Menschen in ihrer Wahrnehmung die Welt verzerrt sehen. Diese Sichtweise verstärkt Vorurteile, Ängste und Feindbilder, was die gesellschaftliche und politische Polarisierung verschärft. Durch Algorithmen auf sozialen Plattformen werden Inhalte basierend auf den bisherigen Vorlieben und Interaktionen der Nutzer ausgespielt. Dadurch wird die Öffentlichkeit vermehrt mit Informationen konfrontiert, die ihre bestehenden Überzeugungen bestätigen, während gegensätzliche Sichtweisen ausgeblendet oder nicht thematisiert werden. Dadurch entstehen Blasen, in denen abweichende Meinungen gar nicht mehr gehört oder ernst genommen werden.

Früher hat man sich noch Mühe gegeben, sich gegenseitig falsch zu verstehen, heute erledigt das der Algorithmus. Fake-News sind quasi der neue Volkssport. Ein bisschen Lüge hier, ein paar alternative Fakten dort, fertig ist das Meinungs-Mosaik, das perfekt zu den eigenen Vorurteilen passt. Nutzerblasen sind Orte, wo jeder zum König seiner eigenen kleinen Echokammer wird. Dort ist der Kunde nicht nur König, er ist auch Chefideologe, Faktenchecker und Pressesprecher in Personalunion. Wer braucht schon echte Debatten oder kritisches Denken? Ein guter Tweet mit 280 Zeichen reicht doch, um die komplexesten Probleme der Menschheit zu lösen. Und falls nicht, Hauptsache, es gibt viele Likes.

Die Verbreitung von Fake News und die Fragmentierung in Nutzerblasen erschweren den konstruktiven Dialog zwischen Menschen mit unterschiedlichen politischen oder gesellschaftlichen Ansichten. Statt Austausch und Konsensbereitschaft zu fördern, führen diese Phänomene zu einer Verschärfung von Konflikten und zu einer zunehmenden Entfremdung der verschiedenen gesellschaftlichen Gruppen.

Die Hartnäckigkeit militanter Kontra-Positionen in der Gesellschaft gehört länderübergreifend geahndet. Es geht dabei nicht nur um die Frage, wie man mit extremen oder radikalen Meinungen umgeht, sondern auch um die Wahrung von Meinungsfreiheit und einer objektivierten demokratischen Debatten-Kultur. Aufgeheizte Haltungen gefährden den sozialen Frieden. Die Stabilität internationaler Normen und Abkommen zur Bekämpfung von Hassreden und Terrorismus müsste ein wirksames Mittel sein.

Die Metapher des heißen Eisens beschreibt das Dilemma, etwas anzufassen, das potenziell unangenehm oder sogar gefährlich sein könnte. Doch ohne diesen Mut wird vieles unbewegt bleiben. Historische Beispiele wie die Abschaffung von Ungerechtigkeiten oder die Bekämpfung globaler Krisen verdeutlichen, dass echte Fortschritte nur durch Menschen möglich wurden, die bereit waren, Risiken einzugehen und Verantwortung zu tragen. Ein häufiges Hindernis ist die Angst vor persönlichem Versagen. Diese wird durch die zunehmende öffentliche Beobachtung in sozialen Medien noch verstärkt.

Innerhalb bestimmter politischer Systeme setzt sich eine Kultur durch, die Risikovermeidung begünstigt. Denn Entscheidungen, die keine Angriffsfläche bieten, erscheinen oft sicherer als solche, die mutig, aber angreifbar sind. Diese Dynamik führt dazu, dass Politiker zögern, heiße Eisen anzufassen, selbst wenn sie wissen, dass es notwendig wäre. Ein weniger offensichtlicher, aber bedeutsamer Faktor ist der Mangel an klaren Visionen oder Überzeugungen. Mut erfordert eine klare Haltung und das Vertrauen in die eigene Entscheidungsfähigkeit. Ohne eine feste Überzeugung fällt es schwer, Risiken einzugehen. Wenn Politiker mehr auf Umfragen und Meinungsbilder reagieren als sich von langfristigen Zielen leiten zu lassen, entstehen meistens zögerliche oder ausweichende

Entscheidungen.

Ein zentraler Kritikpunkt an der Klimapolitik ist, dass sie von Kompromissen und kurzfristigen politischen Kalkülen geprägt ist. Trotz zahlreicher wissenschaftlicher Erkenntnisse und gesellschaftlicher Forderungen nach konsequentem Handeln zögert die Politik immer wieder, tiefgreifende Maßnahmen zu ergreifen. Auch wenn Politiker betonen, dass Bürokratie-Entlastung eine Daueraufgabe von Politik und Verwaltung sei, werden konkrete Maßnahmen weiter verzögert oder nur halbherzig umgesetzt, was auf fehlende Entschlossenheit und klare Zielsetzungen hindeutet.

Während die Auseinandersetzung mit rechtspopulistischen Strömungen die Politik vor klaren Ansagen und Handlungen stellt, wird stattdessen versucht, durch vage Aussagen die Wählergruppen zufriedenzustellen. Dies führt zu einem Verlust an Glaubwürdigkeit und stärkt letztlich die populistischen Kräfte. Während in den internationalen

Beziehungen die Bedeutung unveräußerlicher Menschenrechte betont wird, werden in der Praxis dennoch wirtschaftliche oder strategische Interessen über den Schutz dieser Rechte gestellt. Dieses Spannungsverhältnis zwischen Rhetorik und Handlung zeigt einen weit verbreiteten Mangel an konsequenter Werteorientierung. Politik braucht mehr Interesse und Rückhalt von der Öffentlichkeit, wenn schwierige Entscheidungen anstehen. Nur wenn auch die Gesellschaft den Mut belohnt, wird der Handlungsspielraum für politisches Verantwortungsbewusstsein erweitert.

Warum sollte man Risiken eingehen, wenn die nächste Umfrage zeigt, worauf die Wähler gerade Lust haben? Mut ist doch viel zu anstrengend, wo es um das Überleben im nächsten Meinungsbarometer geht. Warum also den Kopf riskieren, wenn man ihn auch bequem in den Sand stecken kann? Warum sollte man politisch mutig sein, wenn man sich auch einfach wie ein Fähnchen im Umfragewind drehen kann? Reformen? Veränderung? Verantwortung? Klingt alles viel zu riskant, wenn die Wähler doch gerade in ihrer gemütlichen "Bloß-keine-Experimente-Phase" suhlen. Heute Sicherheit, morgen Wandel, übermorgen wieder Sicherheit, je nachdem, was der neueste Meinungsbarometer ausspuckt. Politik wird so zur perfekten Kunst des Stillstands: immer schön auf Sicht fahren, bloß keine Wellen machen und hoffen, dass sich die Probleme von selbst erledigen.

Wollen Wähler und Wählerinnen wirklich um jeden Preis keine unbequemen Wahrheiten hören? Oder sind Risiken nur dann akzeptabel, wenn sie vorher mit einem 100-seitigen Sicherheitskonzept abgesichert wurden, inklusive Rücktrittsversicherung, falls etwas schiefgeht. Es entsteht der absoluter Widerspruch. Man stelle sich vor, Politik würde Radikales wagen, wie das Streichen von Subventionen für klimaschädliche Industrien. Bricht dann am nächsten Tag die Hölle los? Wer empört sich und welche Lobbyisten schreien? Gibt es Rückzieher? Belohnt Gesellschaft Mut nur dann, wenn er auch den eigenen

Interessen dient? Denn warum sollte man mit Überzeugung und Weitsicht handeln, wenn die Stimmen der Unsicherheit so viel lauter sind? Es wird lautstark für Klimaschutz, fairen Handel und Menschenrechte applaudiert, doch wehe, der Benzinpreis steigt oder das neue Handy wird teurer. Dann gilt ganz schnell wieder das alte Motto: „aber bitte nicht auf meine Kosten".

Der Gegenbeweis kann angetreten werden, doch er erfordert Geduld, Entschlossenheit und die Bereitschaft, auch unbequeme Wahrheiten zu akzeptieren. Die Gesellschaft könnte Mut belohnen, wenn die Vorteile langfristig deutlich werden und die Lasten gerecht verteilt sind. Der Schlüssel liegt in einer klaren Kommunikation, in ehrlicher Führung und im Mut der Politik, langfristige Visionen konsequent zu verfolgen. Was könnte passieren, wenn Politik tatsächlich mal mutig ist? Wird sie gleich auseinandergenommen? Fehler darf sie sich auf keinen Fall erlauben, schließlich sollte sie ja eine perfekte Maschinerie sein.

Wer also glaubt, mutige Entscheidungen würden von der Gesellschaft belohnt, hat möglicherweise das Memo verpasst: wir feiern nur Mut, der perfekt ins eigene Weltbild passt. Doch gibt es auch Momente, in denen mutige Entscheidungen trotz anfänglichem Widerstand Anerkennung finden. Gesellschaft kann Mut belohnen, wenn sie sich öffnet und bereit ist, über das eigene Weltbild hinauszublicken.

Vielleicht schafft es der sanfte Mut, der Veränderung verspricht, aber immer so dosiert ist, dass im Prinzip nicht wirklich etwas geändert werden muss. Veränderung, die nichts kostet, da sind alle dabei. Aber wehe wenn jemand es wagt, den wahren, tiefgehenden Mut zu zeigen, der die eigenen Bequemlichkeiten angreift. Solcher Mut ist selten willkommen. Denn er fordert das, was alle fürchten, Veränderung und den Preis dafür zu zahlen.

Sicherheit und Freiheit sind immer notwendig für den Wohlstand, wobei ein gewisser Wohlstand auch zu mehr

Freiheit und Sicherheit beiträgt. In der politischen und gesellschaftlichen Diskussion werden diese Werte häufig als Basis für die Entwicklung von Strategien und Programmen herangezogen, um eine bessere Lebensqualität für alle zu erreichen. Um ein Gleichgewicht zwischen diesen zentralen Werten zu wahren, müssen alle Aspekte, einschließlich der militärischen Verteidigung, berücksichtigt werden. Eine solche Strategie versucht, sowohl die Sicherheitsbedürfnisse einer Gesellschaft zu erfüllen als auch ihre Freiheitsrechte zu schützen und den Wohlstand zu fördern.

Sicherheit spielt dabei die Schlüsselrolle. Sie darf bei den Wohlbetuchten nur nicht in eine Richtung driften, weil sie dann das Wohlstandsmodell gefährdet. Sicherheit ist nicht nur eine Schutzmaßnahme gegen äußere Bedrohungen, sondern auch ein zentraler Bestandteil der Stabilität, der für das Wachstum von Wohlstand und die Förderung sozialer Gerechtigkeit notwendig ist. Sollten Regierungen ihre Verteidigungskapazitäten vernachlässigen oder nicht in die richtige Balance mit anderen politischen Zielen setzen, gefährden sie Freiheit und Wohlstand für alle.

Für Europa bedeutet dies, dass langfristige politische Entscheidungen, die nur auf soziale oder wirtschaftliche Ziele fokussiert sind, die Fähigkeit zur Aufrechterhaltung von Sicherheit und Stabilität untergraben. Wenn die Sicherheitsbedürfnisse vernachlässigt werden, kommt es zu Instabilität im Gefüge. Dies gefährdet wiederum die wirtschaftliche Entwicklung und die individuellen Freiheiten. In der Vergangenheit hat Europa möglicherweise zu sehr auf automatischen Frieden und Stabilität gesetzt, ohne ausreichend in Verteidigung und Sicherheitsarchitekturen investiert zu haben.

Europa hat sich lange in der bequemen Illusion gewiegt, dass Frieden und Stabilität quasi naturgegeben sind, ein nettes Nebenprodukt wirtschaftlicher Integration und diplomatischer Kooperation. Doch geopolitische Realität ist kein Selbstläufer. Wer Sicherheit als selbstverständlich ansieht und Verteidigung vernachlässigt, riskiert, dass die eigene Friedensordnung ins Wanken gerät. Jetzt wird schmerzhaft klar, dass ohne robuste Sicherheitsstrukturen auch wirtschaftlicher Wohlstand und individuelle Freiheiten in Gefahr sind. Ein starkes Europa braucht nicht nur soziale und wirtschaftliche Weitsicht, sondern auch die Fähigkeit, sich selbst zu schützen, sonst bleibt es ein unsicherer, wehrloser Zuschauer in einer zunehmend unsicheren Welt.

Europa muss aus diesem Dilemma herauskommen und eine ganzheitliche Strategie entwickeln, die sowohl die Sicherung der eigenen Freiheit und des Wohlstandes als auch den Erhalt einer stabilen und effektiven Verteidigung gewährleistet. Die Frage ist, wie dies in einer zunehmend multipolaren Welt und angesichts der politischen und finanziellen Herausforderungen realisiert werden kann. Europa hat bis dato Verteidigungspolitik eher als "Nice-to-have" betrachtet, anstatt als essentielle Grundlage für Stabilität. Dabei wäre man mit dem Hang zur Schwäche und Zurückhaltung beinahe in einen dritten Weltkrieg geschlittert. Es ist fast so, als hätte Europa gedacht, dass die Geschichte einen schönen Kurs fährt und man einfach mit einem Cocktail in der Hand und einem Lächeln in der Sonne sitzen darf, während die Welt sich weiterdreht. In einer zunehmend multipolaren Welt, in der jede Macht ihre eigenen Interessen verfolgt und vielleicht auch die eine oder andere Bedrohung auf dem Schirm hat, ist es wirklich schwer, die perfekte Mischung aus Freiheit, Wohlstand und Verteidigung zu finden, ohne dabei zu viel von einem dieser Elemente zu gefährden.

Vielleicht hat Europa zu akzeptieren, dass es nicht mehr der Platz ist, an dem man einfach nur mit Wohlstand statt Verantwortung glänzt. Möglicherweise braucht es dann doch etwas mehr wirtschaftliche und militärische Schlagkraft im Hintergrund. Und das in einem Klima, das politisch, finanziell und geopolitisch eher wie eine Achterbahnfahrt wirkt. Was für ein schwieriger Balanceakt. Wenn Regierungen zu sehr zögern und ständig auf die Bremse treten, verpassen sie Chancen und sind nicht in der

Lage ist, notwendige Initiativen zu ergreifen. Diese Scheu vor Entscheidungen und Maßnahmen kann in einer zunehmend komplexen und schnelllebigen Welt als ungesund bezeichnet werden, besonders wenn es darum geht, langfristige Ziele wie Sicherheit, Wohlstand oder soziale Stabilität zu sichern. Während des Ukraine Krieges hat der deutsche Kanzler häufig versucht, jede potenzielle Entscheidung in vielen Details zurückhaltend abzuwägen, wo schnelle Handlungsfähigkeit eigentlich gefragt war, was zu Blockaden führte.

Die Bereitschaft, Verantwortung zu übernehmen und in schwierigen Zeiten klare, entschlossene Schritte zu gehen, ist entscheidend. Es ist bequem, Verantwortung zu beschwören, aber unbequem, sie tatsächlich zu tragen. Denn Verantwortung bedeutet, auch unbequeme Wahrheiten auszusprechen und Entscheidungen zu treffen, die nicht jedem gefallen. Doch statt Führung erleben wir zu oft ein politisches Schauspiel, das sich an der Gunst des Augenblicks orientiert. Verantwortung wird nicht übernommen, sondern verwaltet. Also lieber das Problem aussitzen, abwägen, verzögern. Und wenn es wirklich eng wird, gibt es immer noch die altbewährte Strategie: man zeige mit dem Finger auf externe Faktoren, unvorhersehbare Entwicklungen oder das internationale Umfeld, als hätte man keine Handlungsoptionen gehabt.

Doch genau darin liegt die Gefahr. Ein System, das sich mehr um den eigenen Machterhalt dreht als um die Lösung realer Probleme, verliert langfristig das Vertrauen der Menschen. Politik wird zur PR-Strategie ohne echten Inhalt. Und wenn sich das politische Handeln nur noch an der Angst vor der nächsten Umfrage orientiert, dann haben wir nicht mehr Führung, sondern nur noch eine endlose Folge von Reaktionen auf Stimmungen, getrieben von Angst anstatt von Überzeugung. Echte Verantwortung bedeutet, das Notwendige zu tun, auch wenn es unpopulär ist. Es bedeutet, Entscheidungen zu treffen, bevor sie alternativlos werden. Und es bedeutet, nicht nur auf die nächste Wahl, sondern auf die nächste Generation zu schauen. Wer wirklich Verantwortung übernimmt, stellt sich den Herausforderungen, bevor sie unkontrollierbar werden. Denn am Ende ist echte Verantwortung nicht das, was bequem ist, sondern das, was notwendig ist.

Wenn die politische Mitte nur ausweichend reagiert, wirkt sie schwach und unglaubwürdig, während die Populisten mit einfachen, wenn auch meist falschen Antworten punkten. Anstatt also mit taktischem Herumeiern die eigene Wählerschaft halten zu wollen, wäre es klüger, klare Positionen zu vertreten und für demokratische Werte offensiv einzustehen. Sonst überlassen die etablierten Parteien den Radikalen das Spielfeld und wundern sich dann über deren Erfolge. Sobald jedoch jemand die Initiative ergreift, wie es im Wahlkampf 2025 im deutschen Bundestag geschehen ist, ducken sich plötzlich die anderen aus der sogenannten Mitte des demokratischen Bogens und fallen über denjenigen her, der es wagt, klare Kante zu zeigen. Statt die Debatte zu nutzen, um endlich mit echten Lösungen zu profilieren, ziehen sich viele ins bequeme

Lager der Empörung zurück und tragen lieber ihre Neid-Konflikte aus. Währenddessen reiben sich die Populisten die Hände, denn je mehr sich die Mitte selbst zerfleischt, desto stärker werden sie. Wer es so macht, darf sich über Wahlergebnisse nicht wundern.

Fehlentscheidungen? Davon gab es etliche. Mal war es die Angst, als zu aggressiv wahrgenommen zu werden, mal der Glaube, dass Zurückhaltung immer die besseren Lösungen sei. Doch die Realität zeigt: wer seine Sicherheit nicht ernst nimmt, setzt sich selbst und seine Partner unnötigen Risiken aus. Vielleicht wäre es an der Zeit, politische Führungskräfte begreifen, dass Frieden nicht nur durch gutes Zureden erhalten bleibt, sondern auch durch glaubwürdige Verteidigungsfähigkeit.

Die deutsche Kanzlerschaft hat im Ukraine-Krieg lange gezögert - zu lange. Während andere westliche Staats- und Regierungschefs entschlossen gehandelt haben, setzte man in Deutschland auf Abwarten, Abwägen und das berühmte

„In-Ruhe-Prüfen". Wer immer erst handelt, wenn der Druck übermächtig wird, der führt nicht, der wird getrieben. Die Verzögerungen bei Waffenlieferungen, das monatelange Zögern bei der Lieferung von Leopard-Panzern, die vorsichtige Kommunikation zu Taurus-Marschflugkörpern, all das hat Kanzler Scholz als abwägend und vorsichtig erscheinen lassen, aber auch als jemanden, der keine klare Linie verfolgt. Verantwortung bedeutet nicht, Entscheidungen so lange hinauszuzögern, bis sie erzwungen werden.

Natürlich gibt es Risiken, natürlich ist Vorsicht geboten. Doch hätte Deutschland als größte Wirtschaftsmacht Europas frühzeitig eine Führungsrolle übernehmen können. Stattdessen hat Kanzler Scholz sich wiederholt nur dann bewegt, wenn der Druck von außen zu groß wurde, sei es durch die Verbündeten, durch die Opposition oder durch die eigene Koalition. Am Ende zählt nicht nur, dass Entscheidungen getroffen werden, sondern auch *wann* sie getroffen werden. Kanzler Scholz's Zögern hat nicht nur

Deutschlands Glaubwürdigkeit in der internationalen Gemeinschaft geschwächt, sondern auch dem Eindruck Vorschub geleistet, dass es in Krisenzeiten kein verlässlicher Vorreiter ist. Und das ist eine Form des Führungsversagens, die Europa in zukünftigen Krisen noch teuer zu stehen kommen könnte.

Die deutsche Regierung hat zwar mit großen Summen geholfen, jedoch immer etwas zurückhaltend und mit der Absicht, nicht als Vorreiter aufzufallen. Diese Haltung könnte ja als Versuch verstanden werden, im internationalen politischen Kontext weder zu provozieren noch als besonders radikal wahrgenommen zu werden. Dieses Kalkül war wortwörtlich für etliche tausend Menschen tödlich, wo doch die Ukraine bereits auf eine entschlossene und unmittelbare Unterstützung angewiesen war. Es sind dies die Folgen der Führungsqualitäten von Personen, die nicht nur in ihren Psychoprogrammen, sondern sogar realiter über die roten Teppiche orientierungslos dahin stolpern.

Dieses Verhalten ist auf den ersten Blick unerklärlich, doch hat es seine historischen Wurzeln in der sozialistischen Verbundenheit zu Russland über die Köpfe der Osteuropäer hinweg. Auch das spätere Erbe von Brandt und Schröder wirkt bis heute nach. Die sozialistische Tradition in Deutschland hatte lange eine gewisse ideologische Nähe zur Sowjetunion. Im Kalten Krieg setzte die westdeutsche Linke auf den Dialog der Unterwürfigkeit zu Moskau. Länder wie Polen, die baltischen Staaten oder Ungarn wurden als bloße Pufferzonen betrachtet, während die eigentliche geopolitische Aktivität auf die deutsch-russischen Beziehungen ausgerichtet war. Während die Länder Osteuropas seit Jahren vor der russischen Bedrohung warnten, hat Deutschland diese Stimmen ignoriert und heruntergespielt. Die spätere Russlandpolitik Deutschlands und damit auch Scholz's Zögern ist ein Erbe dieser alten sozialistischen Denkschule, die Osteuropa eher als Randzone denn als zentrale Akteure der europäischen Sicherheit betrachtet hat.

Ebenso wird Angela Merkels politische Hinterlassenschaft zunehmend kritisch betrachtet, sowohl in der Außen- als auch in der Innenpolitik. Während osteuropäische Länder seit Jahren vor der russischen Bedrohung warnten, ignorierte Deutschland diese Stimmen oder spielte sie herunter. Merkels abwartende Haltung zeigte sich auch in ihrer mangelnden Beteiligung am Afghanistan-Engagement, das sie offensichtlich nicht als Priorität ansah. Die chaotische Bruchlandung des Westens in Kabul im August 2021 ist daher auch ein Ergebnis dieser Passivität. Auch in der Industriepolitik führte Merkels Strategie zu einer massiven Schwächung des Wirtschaftsstandorts Deutschland. Wesentliche Industriezweige wurden aus dem Land gedrängt, während ihre Energiepolitik Deutschland in eine äußerst kritische Lage brachte, insbesondere durch die Abhängigkeit von russischem Gas. Auf europäischer Ebene blockierte sie entscheidende Reformpläne des französischen Präsidenten Macron. Dessen Vorschläge für eine stärkere wirtschaftliche und sicherheitspolitische Integration der EU blieben unter Merkels Führung weitgehend unbeantwortet. Gerade nach dem Brexit wäre eine enge deutsch-französische Zusammenarbeit von zentraler Bedeutung gewesen, doch Merkel ließ diese Chance verstreichen.

Die zweite Gattung sind also jene inaktiven Puppen, die wie Drohnen in ihren Sesseln kleben. Drohnen fliegen oft unbemerkt und unerkannt, während Bienen durch ihre natürliche Präsenz in der Luft auffallen und oft mit Bestäuben und Summen verbunden werden. Ein ironischer Gedanke wäre, dass Drohnen, die es schaffen, unbemerkt und inaktiv zu bleiben, den natürlichen Arbeiterbienen die Show stehlen könnten. Manche Kanzlerschaften prolongieren sich auf diese Weise auf bis zu 16 Jahren.

Auch innenpolitisch führte Merkels zögerliches Handeln zu problematischen Entwicklungen. Das Erstarken der rechtsextremen Kräfte in Deutschland ist nicht allein auf gesellschaftliche Strömungen zurückzuführen, sondern auch auf fehlendes Gegensteuern. Wer als führender politischer

Akteur entscheidende Entwicklungen ignoriert oder aussitzt, trägt Verantwortung für die Folgen. Die Summe dieser vermeidbaren politischen Fehlentscheidungen ergibt ein ernüchterndes Gesamtbild. Umso unverständlicher ist es, dass Merkel sich nachträglich nach ihrer Amtszeit mit parteischädlichen Aussagen weiter unangebracht ins politische Geschehen einmischte.

Wer war denn einst auf der richtigen Seite der Geschichte? Das wird sicherlich eines Tages nachgefragt werden. Die Entscheidung damals, als Reaktion auf die sowjetische SS-20-Raketenrüstung Pershing-II-Raketen in Europa zu stationieren und gleichzeitig Verhandlungen über Abrüstung anzubieten, war umstritten. Hunderttausende gingen auf die Straße, um dagegen zu protestieren. Doch am Ende zwang diese harte Linie Moskau an den Verhandlungstisch und führte zum INF-Vertrag, der erstmals eine ganze Kategorie von Atomwaffen abschaffte. Eine riskante Strategie, aber sie funktionierte.

Die Frage ist also, was wäre, wenn niemand mehr Risiko und Verantwortung übernehmen würde? Dann hätten wir eine Welt der Zauderer, in der jeder darauf wartet, dass sich die Probleme von selbst lösen. Doch Geschichte lehrt uns, dass genau das nicht passiert. Wer nicht gestaltet, wird gestaltet. Wer Konflikten nur ausweicht, überlässt das Spielfeld denjenigen, die keine Skrupel haben. Natürlich gibt es einen Unterschied zwischen kluger Zurückhaltung und Feigheit. Aber wer sich nicht traut, Verantwortung zu übernehmen, der verliert oder schlimmer noch, er zerstört das, was eigentlich geschützt werden sollte. Denn in der Politik wie im echten Leben gilt: Schlappschwänze gehen unter.

Die Ära des Abwartens sollte vorbei sein. Nun geht es darum, ob Deutschland bereit ist, gemeinsam mit anderen eine gestaltende Rolle einzunehmen oder weiter hinter den Ereignissen herzurennen. Die Antwort auf diese Herausforderung hängt von verschiedenen Faktoren ab, darunter die innenpolitische Unterstützung für eine aktivere Außenpolitik, die Bereitschaft zur Zusammenarbeit mit internationalen Partnern und die Fähigkeit, eine klare strategische Vision zu entwickeln. In Anbetracht der geopolitischen Veränderungen und Herausforderungen ist es entscheidend, dass Deutschland sich als verantwortungsbewusster Akteur positioniert und nicht nur reaktiv, sondern auch strategisch plant und handelt.

Während andere Länder in geopolitischen Schachspielen Figuren setzen, wirkt Deutschland oft wie jemand, der gerade erst die Regeln lernt und zwar aus einer 20 Jahre alten Anleitung. Die deutsche Politik hat das Abwarten zur Perfektion entwickelt. Schließlich besteht immer die Möglichkeit, dass sich Probleme von selbst lösen oder dass Washington, Peking oder Moskau sie für Europa regelt. Will Deutschland gestalten oder weiterhin hinterherhinken, die Lage prüfen und dann mit großen Augen feststellen, dass die Welt sich verändert hat?

Damit das Land nicht endgültig zur geopolitischen

Beobachter-Nation wird, bräuchte es eine strategische Vision. Klingt nach harter Arbeit. Da ist es doch bequemer, sich in endlose Talkshows zu setzen und über moralische Werte zu debattieren, während anderswo knallharte Interessenpolitik gemacht wird. Vielleicht wäre es an der Zeit, politische Führungskräfte nicht nur nach Sympathiepunkten oder Schlagfertigkeit zu beurteilen, sondern nach den Fähigkeiten, tatsächlich Entscheidungen zu treffen.

Politische Psychogramme könnten dazu beitragen, ein besseres Verständnis für die Motivationen und Entscheidungsprozesse von politischen Akteuren zu entwickeln. Indem man Muster im Verhalten und in den Charakterzügen analysiert, ließen sich nicht nur die individuellen Entscheidungen besser nachvollziehen, sondern auch die Auswirkungen auf politische Entwicklungen und gesellschaftliche Strömungen erkennen. Die Idee, politische Führungspersönlichkeiten ähnlich wie in der Wirtschaft oder im Militär zu bewerten, eröffnet neue

Perspektiven für das Verständnis von Leadership in der Politik. Tun dies nämlich die großen Konzerne nicht, sieht man an Hand der Automobilindustrie, in welches Fiasko es führen kann. Während deutsche Autobauer es jahrzehntelang verschlafen haben, sich auf E-Mobilität einzustellen, wartete die Politik geduldig daneben und nickte verständnisvoll. Jetzt ist das Geschrei groß, weil Tesla und Co. zeigen, wie Innovation funktioniert. Ein Schelm, wer Ähnliches für andere Sektoren befürchtet.

Während in diesen Bereichen im Idealfall objektive Kriterien und Assessments verwendet werden, bleibt die politische Arena häufig von subjektiven Faktoren und Wahlprozessen geprägt. Eine öffentliche Debatte über Führungskompetenzen könnte dazu beitragen, die Erwartungen an politische Akteure zu schärfen und eine informierte Wählerschaft zu fördern. Zudem könnte die Einbindung von empirischen Agenturen und Beratungsfirmen helfen, fundierte Diagnosen bezüglich politischer Führungskräfte zu erstellen. Solche Analysen könnten nicht nur Transparenz schaffen, sondern auch als Frühwarnsystem für Fehlentwicklungen dienen. In Zeiten, in denen Vertrauen in politische Institutionen oft erschüttert ist, könnte dies ein wertvoller Beitrag zur Stärkung der Demokratie und zur Förderung verantwortungsbewusster Führung sein. Im Nachhinein wissenschaftliche Assessment-Center-Aktivitäten zu betreiben, bringt nicht viel, dient aber immerhin zur Aufdeckung historischer Faktizität aus dem Rückspiegel der Zusammenhänge von Psychologie und Politikwissenschaft.

5. DIE EUROPÄISCHE HERAUSFORDERUNG*)

Europa ist nach innen zu denken und nach außen zu organisieren. Notwendig ist eine gemeinsame europäische Sicherheitsstrategie, die unabhängig und zukunftsorientiert ist. Europa steht am Scheideweg. Die sicherheitspolitischen Herausforderungen des 21. Jahrhunderts, von Cyberbedrohungen über geopolitische Spannungen bis hin zu neuen Konflikten in der Welt, zeigen immer deutlicher, wie sehr der Kontinent noch von den USA abhängig ist. Diese Abhängigkeit mag historisch gewachsen sein, doch sie ist längst nicht mehr alternativlos. Eine gemeinsame europäische Sicherheitsstrategie könnte der Schlüssel sein, um Europa unabhängiger, stärker und zukunftsfähiger zu machen.

*) Politik @ Globale Welt . Intl., 2024
   Politics @ Global-World. Intl, 2024
   Der Europa Code, Globale Politik und die Positionierung Europas,2024
   The Europe Code, Global Politics and the positioning of Europe, 2024

Europa, diese gemeinsame Sicherheitsstrategie soll zwar eine sein, die nicht nur unabhängig, sondern auch zukunftsorientiert ist und wenn möglich mit einem Hauch von europäischer Gelassenheit. Schließlich hat der Kontinent genug Erfahrung darin, sich von anderen dominieren zu lassen, wie aktuell von den USA. Die Abhängigkeit mag historisch gewachsen sein, aber wer sagt, dass man nicht auch mal aus der Geschichte lernen könnte? Seit Jahrzehnten verlässt sich Europa in Verteidigungs- und Sicherheitsfragen stark auf die USA. Die NATO ist das zentrale Instrument der transatlantischen Zusammenarbeit, doch sie hat ihren Fokus vor allem auf die Interessen Washingtons ausgerichtet. Dies wird besonders deutlich, wenn es um Konflikte und Krisen geht, die aus europäischer Perspektive weniger Priorität haben oder in denen europäische Interessen sogar vernachlässigt werden. Die Abhängigkeit zeigt sich nicht nur militärisch, sondern auch technologisch. Im Bereich der Cyberabwehr und der Rüstung dominieren US-Firmen den Markt. Europa ist oft mehr Zuschauer als Akteur, eine Position, die nicht zu einem Kontinent passt, der für seine Werte von Frieden, Diplomatie und Zusammenarbeit steht.

Eine einheitliche europäische Sicherheitsstrategie wird Europa stärken, sowohl nach innen als auch nach außen. Europa könnte seine Verteidigungs- und Sicherheitsentscheidungen unabhängig ohne den ständigen Blick über den Atlantik treffen. Die EU-Regionen könnten ihre Kräfte bündeln und effizienter einsetzen. Die Entwicklung eigener Systeme würde Europa von den USA unabhängiger machen, sowohl im militärischen Bereich als auch in der Cybersicherheit. Europa könnte sich in Sicherheitsfragen stärker mit anderen Akteuren wie Indien, Brasilien oder der Afrikanischen Union abstimmen, um eine multipolare Weltordnung zu fördern.

In einem bemerkenswerten Schritt hat die EU bereits angekündigt, die Abhängigkeit von den USA, China und anderen globalen Akteuren zu reduzieren, allerdings nicht zu schnell, denn wer möchte schon riskieren, dass die

Transatlantiker beleidigt sind oder die chinesischen Smartphones ausbleiben? Ein Herzstück dieser neuen Ära ist die Verteidigungspolitik. Geplant sind bahnbrechende Maßnahmen wie gemeinsame Truppenübungen, bei denen jedes Land seine Spezialitäten einbringt. Während Frankreich stolz seine Rafale-Jets demonstriert, zeigt Deutschland beeindruckende Pünktlichkeit beim Bürokratie-Management, Italien steuert elegantes Marschieren bei und Ungarn bietet moralische Unterstützung, sofern Viktor Orbán einverstanden ist.

Denn warum sollte man seine eigene Autonomie überstrapazieren, wenn Onkel Sam noch immer ein schützendes Auge auf Europa wirft oder Papa Putin sein einnehmendes Verhalten demonstriert? Ein weiteres Highlight der strategischen Autonomie wird die technologische Unabhängigkeit sein. Die EU will ihre eigene Chip-Industrie entwickeln, voraussichtlich bis 2080? Bis dahin wird jedoch die Einführung eines einheitlichen Ladegeräts für Smartphones schon als großer Sieg gefeiert.

Klar, der ironisch angesetzte Zeitrahmen bis 2080 erscheint unrealistisch lang. Im Vergleich dazu werden scheinbar kleinere Initiativen, wie das einheitliche Ladegerät, als größere Erfolge gefeiert, weil sie konkreter und greifbarer sind, obwohl sie eigentlich nur ein Tropfen auf den heißen Stein der technologischen Unabhängigkeit sind.

Natürlich kann Europa nicht alle Probleme allein lösen. Deshalb wird die europäische Souveränität gemeinsam gestaltet, im Inneren mit 27 Ländern, die unterschiedliche Vorstellungen davon haben, was das eigentlich bedeutet. Während Frankreich von einer militärischen Supermacht träumt, hofft Deutschland auf mehr Verhandlungen und Belgien auf pünktliche Abwicklungen. Einigkeit besteht jedoch in einem Punkt: egal, was geschieht, die Pressemitteilungen der EU werden weiterhin von ambitionierter Rhetorik strotzen. Denn wenn es um die Darstellung von Fortschritten geht, ist Europa schon heute souverän.

Europa hat die Mittel und Möglichkeiten, um ein eigenständiger Akteur in der globalen Sicherheitsarchitektur zu werden. Gemeinsame Streitkräfte und eine koordinierte Rüstungsproduktion könnten die Abhängigkeit von der NATO verringern und Europa handlungsfähiger machen. Während die USA seit Jahrzehnten als großer Bruder agieren und mit NATO-Patenschaften den Schutz des Kontinents garantieren, fragt man sich langsam: wäre es nicht an der Zeit, mal auf eigenen Beinen zu stehen?

Wenn die Großregionen, nicht die Staaten, zusammenarbeiten, müssten doch automatisch Synergien entstehen? Noch reden wir hier von Europa, wo das Wort Koordinierung in der Regel bedeutet, dass alle erstmal ein Jahr lang darüber diskutieren, wo das nächste Treffen stattfinden soll. Doch die Idee hat Substanz. Gemeinsame Streitkräfte und eine koordinierte Rüstungsproduktion könnten nicht nur Kosten sparen, sondern Europa unabhängiger und handlungsfähiger machen. Statt von amerikanischen Waffenlieferungen abhängig zu sein, könnten europäische Ingenieure und Unternehmen endlich zeigen, dass sie mehr können als Luxusautos und Kaffeemaschinen zu konstruieren.

Die NATO ist weiterhin ein wichtiger Bestandteil europäischer Sicherheit. Aber manchmal verläuft das Verhältnis so wie in einer langjährigen Ehe: man ist zusammen, weil man es schon immer war, aber die Dynamik wird zunehmend unausgeglichen. Europa bringt die Zahlen, die USA die Muskeln und die Richtung bestimmen auch meistens die Amerikaner. Europa könnte eigene Wege gehen, ohne die NATO ganz aufzugeben. Eine stärkere, eigenständige Sicherheitsstrategie könnte die NATO ergänzen, anstatt sie zu ersetzen. Vielleicht wird Washington sogar froh sein, nicht mehr für alles den Babysitter spielen zu müssen.

Natürlich ist das Projekt einer eigenständigen europäischen Sicherheitspolitik nicht ohne Herausforderungen. Die größte Hürde ist Europa selbst. Während einige Länder schon die Zukunft sehen, halten andere sich an der Vergangenheit fest. Frankreich ist sowieso immer dabei, solange sie den Vorsitz haben, Deutschland denkt noch darüber nach, wie man die Kosten am besten verteilt. Doch die Chancen sind enorm. Europa könnte zeigen, dass es nicht nur ein wirtschaftlicher Riese, sondern auch ein sicherheitspolitischer Akteur ist. Das würde nicht nur die transatlantischen Beziehungen auf Augenhöhe bringen, sondern auch neue Partnerschaften mit Afrika, Asien oder anderen globalen Akteuren ermöglichen. Es ist Zeit, dass Europa die Komfortzone verlässt und zeigt, was es wirklich kann. Wer ernst genommen werden will, muss selbst ernst machen.

Europa könnte seine Stärke als Vermittler und Friedensstifter nutzen, um Konflikte frühzeitig zu entschärfen. In Zukunft wird der Kontinent eigene Strategien und Technologien für den Schutz digitaler Infrastrukturen und den Zugang zum Weltraum brauchen. Die Idee einer gemeinsamen europäischen

Sicherheitsstrategie mag ambitioniert erscheinen, doch sie ist realisierbar und sie wird dringender denn je. Gerade in Zeiten globaler Unsicherheiten und multipler Krisen ist ein starkes, vereintes Europa notwendig. Dies erfordert Mut und Entschlossenheit, sowohl bei den politischen Führern als auch in der Gesellschaft. Eine europäische Sicherheitsstrategie ist mehr als nur eine Frage der Verteidigung. Sie ist eine Frage der Souveränität und der Zukunftsfähigkeit. Sie könnte Europa in eine Position bringen, in der es nicht nur die eigene Sicherheit gewährleistet, sondern auch weltweit für Stabilität und Frieden sorgt. Es ist an der Zeit, dass Europa die Herausforderung annimmt und den Schritt in eine eigenständige sicherheitspolitische Zukunft wagt. Nicht gegen die USA, sondern als gleichberechtigter Partner und vor allem als unabhängiger Akteur, der für seine Werte und Interessen selbst einsteht.

Dem Einfluss und den oft kritisierten negativen Dynamiken der USA entgegenzusteuern, ist eine komplexe

Herausforderung, die sowohl nationale als auch internationale Ansätze erfordert. Schafft es Europa der Kulturlosigkeit einer bestimmten politischen Clique der USA zu widerstehen? Europa versucht immer wieder, seine kulturelle Eigenständigkeit zu bewahren. Während die transatlantischen Beziehungen im Bereich Wirtschaft, Verteidigung und Politik oft eng sind, gibt es immer wieder Spannungen, besonders wenn sich in den USA politische Strömungen durchsetzen, die europäische Werte wie Multilateralismus, Umweltschutz oder sozialen Ausgleich infrage stellen. Die Herausforderung für Europa besteht darin, nicht nur Abwehrmechanismen gegen diese Art von Kulturlosigkeit zu entwickeln, sondern gleichzeitig seine eigene Identität aktiv zu stärken. Ein stabiles, kulturell selbstbewusstes Europa kann nicht nur widerstehen, sondern auch eigene Impulse setzen, durch Bildung, Kunst, Wissenschaft und eine gelebte Vielfalt, die keine bloße Reaktion auf äußere Einflüsse ist.

Nicht der erhobene Zeigefinger wird die USA beeindrucken, wohl aber der Gegendruck aus Alternativ-Allianzen. Eine nachhaltige Strategie müsste auf mehreren Ebenen ansetzen, um ein ausgewogeneres und gerechteres globales System zu schaffen. Dies könnte Partnerschaften mit Ländern in Asien, Afrika und Lateinamerika umfassen, die ähnliche Interessen verfolgen und bereit sind, gemeinsam für ein gerechteres globales System zu kämpfen. Neue Allianzen zu schaffen bedeutet auch, alternative Plattformen für Dialog und Zusammenarbeit formen, die weniger von überholten Dominanzen geprägt sind. Sie könnten gemeinsam daran arbeiten, alternative Handelswährungen oder Zahlungssysteme zu etablieren, um die Abhängigkeit vom US-Dollar und damit von der US-Wirtschaftspolitik zu verringern. Regionen wie die Europäische Union, Lateinamerika und Asien sollten ihre wirtschaftliche Integration fördern, um sich weniger von den USA abhängig zu machen. Der Aufbau unabhängiger Technologie-Ökosysteme, etwa im Bereich Künstlicher Intelligenz oder Halbleiter, könnte die Abhängigkeit von US-

Unternehmen reduzieren. Der Ausbau von Handelsbeziehungen mit anderen Regionen kann helfen, eine stabilere und widerstandsfähigere Wirtschaft zu schaffen.

Eine verstärkte Zusammenarbeit zwischen Ländern des Globalen Südens und den etablierten Wirtschaftsmächten könnte eine multipolare Weltordnung entstehen lassen, in der die USA nicht mehr als alleinige Führungsmacht agieren. Solche Allianzen könnten auch die Entwicklung gemeinsamer Strategien zur Bekämpfung globaler Herausforderungen wie Klimawandel, Migration und Gesundheitskrisen umfassen. Letztlich ist es entscheidend, dass diese Alternativ-Allianzen nicht nur reaktiv, sondern pro-aktiv agieren und eigene positive Narrative und Lösungen anbieten, die als konstruktive Alternativen zu den amerikanischen Ansätzen wahrgenommen werden. Dies könnte dazu beitragen, den Einfluss der USA zu relativieren und eine ausgewogenere internationale Ordnung zu fördern.

Globale Institutione, gestützt durch Inititiativen, sollten den Einfluss von Korruption und Machtmissbrauch in Wirtschaft und Politik aufdecken und bekämpfen. Internationale Standards für Unternehmens- und Regierungsführung erschweren Korruption und Machtmissbrauch und steigern gleichzeitig die Leistungsoptimierung. Anstatt in direkten Konflikt mit den USA zu treten, könnten alternative Machtzentren durch Kooperation und langfristige Strategien eine gleichberechtigte Weltordnung fördern. Die Öffentlichkeit muss besser über die globalen Machtstrukturen und deren Auswirkungen aufgeklärt werden. Globale Bemühungen müssten imstande sein, Ursachen und Folgen des Klimawandels zu bekämpfen, ohne auf lokale Lösungen der USA angewiesen zu sein. Der Aufbau nachhaltiger Wirtschaftssysteme hilft den Ländern, sich von der Ausbeutung durch mächtige Staaten und Konzerne zu befreien.

Fehlentwicklungen auf der nationalen Ebene, wie etwa unzureichende wirtschaftliche Reformen, hohe

Staatsverschuldung oder ineffiziente Verwaltung öffentlicher Ressourcen, werden schnell über die Landesgrenzen hinweg spürbar. Ein Beispiel ist die Eurokrise, bei der insbesondere wirtschaftliche Fehlentwicklungen in Ländern wie Griechenland oder Spanien zu einer größeren finanziellen und politischen Krise in der gesamten Eurozone führten. Eine Finanzkrise in einer EU-Mitglieds-Entität verursachte eine Vertrauenskrise, die die Finanzmärkte der gesamten Region betraf. Dies zog eine Verschlechterung der Kreditwürdigkeit mehrerer Länder nach sich. Politische Instabilität oder strukturelle Probleme in einer Teil-Entität stören den Binnenmarkt der gesamten EU. Wenn Arbeitslosigkeit in einem Land stark ansteigt, könnte es zu einer Massenmigration von Arbeitskräften in der Nachbarschaft kommen, was wiederum Arbeitsmärkte und Sozialsysteme der Zielstaaten beeinflusst.

Die Finanzkrise, die 2008 begann, hatte verheerende Auswirkungen auf die gesamte Eurozone. Griechenland und andere südeuropäische Länder hatten hohe Schulden und unhaltbare Haushaltsdefizite. Die misslungene Haushaltsführung führte zu einem Dominoeffekt auf die Wirtschaft anderer Mitgliedsländer. Auch die politische Unsicherheit und die Sparpolitik, die in vielen Ländern eingeführt wurde, führten zu weitreichenden sozialen Unruhen und Unzufriedenheit. Nationale Fehlentwicklungen haben erhebliche Auswirkungen auf Gesamt-Europa. Allein wegen der tiefen wirtschaftlichen, politischen und sozialen Verflechtungen der Mitglieds- Länder müssten europäische Regionen auf die möglichen Folgen ihrer Handlungen für andere Mitglieder achten. Es ist daher von entscheidender Bedeutung, dass die EU als Ganzes eine gemeinsame und koordinierte Strategie entwickelt, um Fehlentwicklungen zu vermeiden.

Es wird notwendig sein, die bestehenden Strukturen und Institutionen noch mehr zu stärken, um schneller auf Krisen zu reagieren und Fehlentwicklungen frühzeitig zu identifizieren. Es wird zu einer komplexen Aufgabe, mit intelligenten Programmen Europa aus dem vergebenen letzten Jahrhundert herauszuführen. Jeder Nationalstaat muss seine rückständischen Ansichten abstellen. Wie konnte man nur denken, dass sich egoistisch veranlagte Staaten gegenseitig helfen sollten, Wohlstand und Frieden zu schaffen. War es viel besser, die Souveränität zu bewahren, indem man sich im internationalen Wettbewerb gegenseitig mit Nachteilen überhäuft und so den eigenen Marktzugang erschwert hat? Nichts hinderte die Innovation mehr wie langwierige ineffiziente Entscheidungsprozesse, die Monate und Jahre in Anspruch nahmen. Wer wollte schon in den Nationalstaaten effiziente Lösungen und pragmatische Ansätze?

Wer sich selbst Steine in den Weg legt, bleibt wenigstens stehen. Genau nach diesem Prinzip hat Europa es über Jahrzehnte geschafft, die Märkte mit bürokratischen Hürden zu veredeln, um bloß nicht in den gefährlichen Strudel effizienter und pragmatischer Lösungen zu geraten. Die Vorstellung, dass Nationen durch Zusammenarbeit zu effizienteren Lösungen kommen könnten, sei eine abwegige

Idee. Wer braucht schon einfache Handelsabkommen, harmonisierte Standards oder einheitliche Genehmigungsverfahren? Wahre Souveränität zeigt sich für die Nationalisten in der konsequenten Verhinderung grenzüberschreitender Einigkeit, sich gegenseitig mit Nachteilen zu überhäufen.

Im Gegenteil, die Entwicklung einer klaren europäischen Identität und die Stärkung der europäischen Institutionen sind von entscheidender Bedeutung für die Zukunft des europäischen Kontinents. In einer Zeit, in der populistische Bewegungen zunehmen, wird eine europäische Identität zum essenziellen Grundpfeiler, um den Zusammenhalt und die Solidarität in Europa zu stärken. Ein gemeinsames Wertesystem bildet das Fundament für diese Identität. Werte wie Demokratie, Rechtsstaatlichkeit und Menschenrechte sind nicht nur Grundpfeiler der EU, sondern auch universelle Prinzipien, die das Zusammenleben in einer pluralistischen Gesellschaft ermöglichen.

Bildungsinitiativen, die den europäischen Integrationsprozess und die Geschichte der EU thematisieren, sind dazu da, das Verständnis und die Identifikation mit der Union stärken. Kultureller Austausch und Programme wie Erasmus sind hervorragende Beispiele dafür, wie junge Europäer die Vielfalt und den Reichtum der Kulturen innerhalb der EU erleben. Nur durch handlungsfähige und transparente Institutionen kann die EU effektiv auf die Herausforderungen der Zukunft reagieren. Der Vertrag von Lissabon hat bereits einige Fortschritte ermöglicht, aber es bleibt noch viel zu tun, um die demokratische Legitimität und Effizienz der Institutionen auf Vordermann zu bringen. Eine europäische Identität sollte Vielfalt als Stärke anerkennen und nicht auf der Abgrenzung gegenüber anderen basieren. Schließlich ist die Anpassungsfähigkeit der europäischen Identität entscheidend. Die EU muss in der Lage sein, sich an sich verändernde gesellschaftliche, wirtschaftliche und politische Rahmenbedingungen anzupassen.

Für Europa ist es höchste Zeit zu erkennen, dass es aus mehreren Völkern besteht, die zusammengehören. Sie wissen zu wenig von einander. Es wird durch die jungen Generationen um vieles besser, die auf Bidlung setzen und ihren Kontinent und seine Identität intesiver erfahren. Die Incentives für Exzellenz kommen aus der Gemeinschaft heraus. Der in den letzten gewinnbringende Zusammenschluss einer Wirtschaftsgemeinschaft wird nicht mehr ausreichen. Die Völker Europas müssen wieder lernen, sich in ihre Identitäten hineinzuleben. In den historischen Zeiten der großen Reiche, nicht in ihrer von Neid erfüllten Zerstückelung, gab es die großen Erfolge von Kultur, Wissenschaft und Frieden. Die digitalen Medien spielen dabei eine entscheidende Rolle, indem sie den Zugang zu Informationen über Grenzen hinweg erleichtern. So können junge Menschen ihre Perspektiven und Erfahrungen teilen, was zu einer stärkeren Verbundenheit führt.

Geschichtsvergessenheit spiegelt eine Spannung wider, bei der wirtschaftliche Interessen und strategische Allianzensogar eine breitere geopolitische Verantwortung oder eine klare Stellungnahme zur Verteidigung von Werten und Souveränität überlagert haben. Es sind dies Faktoren zur politischen Bildung, auf die nachkommende Generationen zählen müssen. Die entsprechenden Altersgruppen in der östlichen Hälfte Europas tun sich leichter, da sie als Zeitzeugen von einer Geschichte begleitet wurden, die bis in die heutige Gegenwart hinein reicht. Die Rückwirkugen auf Kultur, Wirtschaft und Zusammenhalt sind enst zu nehmen.

In Ländern, die unter sowjetischer Vorherrschaft standen, sind die Erinnerungen an politische Unterdrückung, kulturelle Repression und wirtschaftliche Einschränkungen noch sehr präsent. Diese Generationen tragen ein historisches Bewusstsein, das die westliche Welt, die in vielen Bereichen eine andere Geschichte hatte, oft nicht vollständig nachvollziehen kann. Sie erleben die

Rückwirkungen auf Kultur, Wirtschaft und Gesellschaft tagtäglich und wissen, wie gefährlich es sein kann, geopolitische Spannungen zu ignorieren oder zu vernachlässigen. Dies hat seinen besonderen Einfluss auf das Sicherheitsdenken.

Die Erinnerung an Zeiten politischer Unterdrückung und militärischer Bedrohung hat eine tief verwurzelte Sensibilität für Fragen der Souveränität und nationalen Sicherheit geschaffen. Für viele Menschen in diesen Ländern ist das Bewusstsein, dass äußere Mächte ihre Freiheit und Unabhängigkeit in der Vergangenheit unterdrückten, ein ständiger Begleiter. Es beeinflusst ihre Haltung zu aktuellen sicherheitspolitischen Fragen.

Im Gegensatz dazu ist das Sicherheitsdenken in vielen westlichen Ländern von einer gewissen Entfremdung gegenüber den Realitäten der harten Sicherheit geprägt. Nach Jahrzehnten des Friedens und der Kooperation innerhalb der EU und der NATO, scheinen viele westliche

Nationen weniger wachsam gegenüber den potenziellen Gefahren, die durch geopolitische Instabilität entstehen könnten. Die Vorstellung, dass Europa und die Welt in einem stabilen posthistorischen Zustand existieren, führte dazu, dass Risiken und Bedrohungen all zu leicht unterschätzt wurden.

Nachdem sich Europa erfolgreich eingeredet hatte, dass Konflikte ein Relikt vergangener Zeiten sind, hat es seine Verteidigungspolitik auf das Notwendigste reduziert oder gleich auf andere abgeschoben. Militärische Abschreckung war einfach überbewertet. So wuchs eine Generation heran, die glaubte, dass Streitkräfte eher für humanitäre Einsätze und Gender-Seminare da sind, als für die Verteidigung des eigenen Territoriums. Die Vorstellung, dass Länder tatsächlich militärische Macht einsetzen könnten, erschien so antiquiert wie Ritterrüstungen oder Rauchzeichen. Wie in einem alten Film konnte man zusehen, wie die Streitkräfte auf das absolute Minimum reduziert wurden. Jeder neue Kürzungsbericht wurde als

Fortschritt gefeiert, jede Einsparung als Friedensdividende verkauft. Dass andere Länder diese Gelegenheit nutzten, um ihre eigenen Armeen auszubauen, wollte niemand wahrhaben.

In Ländern, die durch ihre Geschichte die brutalen Auswirkungen geopolitischer Machtverschiebungen erlebt haben, ist der Gedanke an die Aufrechterhaltung von militärischer Stärke, diplomatischer Einflussnahme und strategischer Unabhängigkeit stärker präsent. Für diese Nationen hat Sicherheit viel mehr mit der Fähigkeit zu tun, sich selbst zu verteidigen und die Souveränität zu wahren, als mit der Vorstellung von einem allumfassenden internationalen Frieden.

6. DIE GEFAHREN FÜR EUROPA

Wer schadet dem europäischen Gedanken? In den USA Donald Trump, ein irrer Brachial-Präsident, im Kreml Wladimir Putin, ein despotischer Welten-Usurpator, im Inneren Europas die Vertreter der AfD oder vielleicht Sarah Wagenknecht, eine intrigierende National-Bolschewistin oder generell eine nach einer Weltrevolution lechzende Linke? Empörungswellen ersetzen keine Reaktionen aus der Vernunft der Stärke. Emotionale Reaktionen dominieren die Diskurse in sozialen Medien, traditionellen Medien und der öffentlichen Meinung. Diese Empörung mag kurzfristig mobilisieren, versagt aber dabei, nachhaltige und konstruktive Strategien hervorzubringen. Die Welt stößt auf eine uneinheitliche internationale Reaktion auf Putins Krieg in der Ukraine.

D. Trumps Agieren spaltet die politischen Lager im eigenen Land und darüber hinaus. Statt einer kohärenten

Gegenstrategie wird eine gegenseitige Radikalisierung der politischen Pole beobachtet. Beispiele aus Europa: Wagenknechts Einfluss in Deutschland ist zwar unbedeutender, doch ein radikal sozialistischer Nationalismus finden nicht nur Zuspruch bei linken Wählern, sondern auch bei populistischen Bewegungen. Die sogenannten Friedensbewegungen finden sich unter ihren Luftballons, die über dem grauen Alltag schweben und doch nur mit Helium gefüllt sind. Man könnte sagen, sie sind die Weltverbesserer der sozialen Medien mit viel Geschrei und wenig Substanz. Wenn man genauer hinschaut, stellt man fest, dass sie oft mehr mit dem eigenen Wohlfühl-Image zu tun haben als mit echtem Engagement für den Frieden.

Was macht Russland? Putins Grausamkeiten sind nicht nur moralisch verwerflich, sondern auch völkerrechtswidrig und zunehmend kontraproduktiv für seine eigenen Ziele. Die systematische Natur seiner Taten unterstreicht die Ernsthaftigkeit der Situation und die Notwendigkeit einer entschiedenen internationalen Antwort. Wladimir, der

Unbesiegbare befindet sich in einem ständigen Wettlauf gegen die Zeit, um die Menschlichkeit in einem Wettlauf um Macht und Einfluss über Bord zu werfen. Man stelle sich Putin vor, wie er an einem großen Tisch sitzt, umgeben von Beratern, die ihm wie Statisten in einem schlechten Theaterstück gegenüberstehen. "Wie können wir heute die Welt verblüffen?" fragt er mit seinem typischen Grinsen. "Vielleicht ein bisschen Krieg hier, ein paar Drohungen dort und natürlich die allseits beliebte Unterdrückung der eigenen Bevölkerung. Während er sich selbst als den Retter der russischen Nation inszeniert, wird die Realität immer absurder. Die Menschen, die er zu beschützen glaubt, leiden unter seiner Herrschaft. Und so wird aus dem starken Mann, der sich in der Weltpolitik unbesiegbar fühlt, ein trauriger König, der in einem leeren Schloss sitzt und sich mit seinen eigenen Schatten unterhält. Letztlich ist Putins grausame Despotie nicht nur eine Tragödie für die Menschen, die unter seinem Regime leiden, sondern auch eine Farce für die gesamte Menschheit. Während er im Kreml vermutlich genüsslich Tee schlürft und seine nächsten Züge plant, wird im Westen bloß kollektiv die Stirn gerunzelt.

Psychopathen sind manchmal sogar charismatisch begabt und in der Lage, andere zu manipulieren, um ihre Ziele zu erreichen. In der Politik können diese Fähigkeiten genutzt werden, um Wähler zu gewinnen, Gegner zu überlisten oder Unterstützer zu sammeln. Politiker, die psychopathische Tendenzen zeigen, können sich geschickt ins Rampenlicht stellen und die öffentliche Wahrnehmung zu ihrem Vorteil nutzen, während sie gleichzeitig ein Image von Vertrauenswürdigkeit aufrechterhalten.

Diese Fähigkeit zur emotionalen Kälte kann in politischen Machtkämpfen von Vorteil sein, da Entscheidungen getroffen werden, ohne Rücksicht auf die Auswirkungen auf andere, insbesondere in Bezug auf menschliches Leid oder soziale Gerechtigkeit. Psychopathen neigen zu einem höheren Risikodrang. Sie sind dafür bekannt dafür, wenig oder keine Reue zu zeigen, selbst wenn ihre Handlungen moralisch verwerflich oder schädlich für andere sind. In der Politik führt dies zu einer gewissen Härte, die dem Politiker erlaubt, kontroverse Entscheidungen zu treffen, ohne die langfristigen sozialen oder ethischen Folgen zu berücksichtigen. Das Fehlen von Schuldgefühlen könnte sie auch dazu befähigen, in schwierigen politischen Situationen weiterhin auf ihre eigene Agenda fokussiert zu bleiben.

Es gibt genügend Beispiele von Diktaturen aus der Geschichte, besonders auch aus dem 20. Jahrhundert. In den moderneren Zeiten, gibt es einen neuen Typus von Individuen, die durch ihre psychologischen Merkmale zu radikaleren, gewaltsamen Handlungen angestachelt werden. Wir sehen wie eine Kombination aus narzisstischen und psychopathischen Eigenschaften, wie die Suche nach absoluter Kontrolle, der Mangel an Empathie und die Bereitschaft, andere zu benutzen, ineinandergreifen. Terroranschlägen funktionieren übrigens auf dem Umkehrschluss der gleichen Denkweise. Gewalt wird als legitime Antwort auf wahrgenommene Ungerechtigkeit oder als Teil eines größeren Ziels gerechtfertigt, was diejenigen, die die Anschläge durchführen, ein Gefühl der Berechtigung verschafft.

Ob Psychopathen im operativen Feld der Psychiatrie oder im Umfeld der internationalen Beziehungen, sie sind dadurch charakterisiert, dass sie durch und durch egomanisch keine Anerkennung brauchen, sie müssen für sich nur Macht-Akzente setzen. Wenn die grösste Weltmacht der Erde durchdrehen sollte, was momentan gar nicht so illusorisch ist, darf doch der Rest der Welt nicht in Schockstarre verfallen. Davon würde der andere große Welt-Block der Diktatur-Mächte nur profitieren. Eine solche Reaktion könnte tatsächlich den autoritären Mächten in die Hände spielen, die versuchen, ihre Einflüsse auszubauen, während andere Nationen sich zurückziehen oder destabilisiert werden. Es gibt immer noch den großen Bogen der freien Mächte.

Wenn Europa militärisch stärker wäre und diese Stärke

auch sichtbar demonstrieren könnte, würde es das Verhalten von Staaten wie Russland möglicherweise beeinflussen. Diktatoren respektieren Macht und Konsequenz mehr als den Dialog, die sie als Schwäche interpretieren. Aber es will die Zeichen nicht sehen, wenn etwa Russland in Kaliningrad neue Waffensysteme stationiert, die auf Westeuropa gerichtet sind. Solche Aktionen zielen darauf ab, Druck auf Europa und die NATO auszuüben. Solche Systeme können viele Teile Europas erreichen und erhöhen die Spannungen erheblich. Die Abhängigkeit von den USA und der NATO bleibt vorläufig noch so hoch, dass ohne gezielte Maßnahmen Europa Schwierigkeiten haben könnte, seine Sicherheit eigenständig zu gewährleisten.

Ein wichtiger Aspekt in diesem Zusammenhang ist die Rolle von Nuklearwaffen in der strategischen Planung. Die USA haben in der Vergangenheit in Europa stationierte Atomwaffen als Teil ihrer Abschreckungsstrategie gegen Russland und andere potenzielle Bedrohungen betrachtet.

Diese Rolle könnte sich jedoch angesichts sich verändernder geopolitischer Realitäten wie etwa den russischen Aggressionen und der zunehmenden Herausforderung durch China weiterentwickeln. Es ist auch denkbar, dass europäische Länder in Zukunft ihre eigenen nuklearen Fähigkeiten weiterentwickeln, um eine stärkere unabhängige Abschreckung aufzustellen, was jedoch zahlreiche politische, sicherheitstechnische und ethische Herausforderungen mit sich bringt.

In vielen anderen Ländern der Welt werden Nuklearwaffen als unersetzlicher Bestandteil der nationalen Verteidigungsstrategie betrachtet. Diese Staaten stützen sich darauf, dass die Bedrohung eines nuklearen Gegenschlags eine stabilisierende Wirkung auf die internationalen Beziehungen hat, indem sie potenzielle Aggressoren von einem Angriff abhalten. Die Herausforderung dabei ist, dass die nukleare Abschreckung eine sehr fragile Balance erfordert, insbesondere in einer Welt, in der neue Technologien wie Cyberangriffe und konventionelle militärische Kräfte eine immer größere Rolle spielen. Trotz der fortgesetzten Bedeutung von Atomwaffen in der internationalen Sicherheitspolitik gibt es weiterhin Bestrebungen, die nukleare Abrüstung voranzutreiben und das Risiko eines nuklearen Konflikts zu minimieren, aber das dann an allen Ecken gleichzeitig.

Besonders auffällig zeigt sich das Bild der nuklearen Bewaffnung in bestimmten Regionen, die oft als instabil oder konfliktbeladen gelten, während Europa, trotz seiner stabilen politischen Strukturen und wirtschaftlichen Stärke auf militärische Sicherheit in einem anderen Rahmen angewiesen ist. Diese Länder sehen ihre nukleare Abschreckung als notwendiges Mittel, um ihre Souveränität zu wahren und sich gegen wahrgenommene Bedrohungen zu schützen. Diese rationale Entscheidung, sich nuklear zu bewaffnen, zeigt, wie stark geopolitische Ängste und historische Rivalitäten das Sicherheitsdenken prägen. Es könnte eine Balance zwischen der Stärkung der Verteidigungsfähigkeit und dem Festhalten an den

Prinzipien der Demokratie gefunden werden müssen. Ein sinnvolles Engagement in der globalen Sicherheitsarchitektur ist der einzige rational passende Schlüssel zu einer europäischen Zukunft in Freiheit und Frieden. Die Aufgabe besteht darin, Freiheit und Sicherheit miteinander zu verbinden. Doch ein bisschen Verteidigung, aber nicht zu viel, ein bisschen Abschreckung, aber nur symbolisch, ein bisschen Prinzipientreue, aber bitte nicht so dogmatisch wird keine Lösung bringen. Und wenn am Ende doch jemand ernst macht?

Die Diskussion um die strategische Autonomie Europas wird stets ein zentrales Thema der europäischen Politik und Sicherheit bleiben. Dabei geht es darum, die Handlungsfähigkeit Europas in Schlüsselbereichen wie Sicherheit, Verteidigung, Technologie und Energie zu stärken, unabhängig von externen Akteuren wie den USA, Russland oder China. Es geht um die Fähigkeit der EU, selbstständig und souverän Entscheidungen zu treffen und zu handeln, ohne von außen abhängig zu sein. Ein zentraler

Aspekt der Souveränität der EU ist die Notwendigkeit einer gemeinsamen Stimme in internationalen Angelegenheiten.

Der Begriff Economy of Scale in der europäischen Sicherheitspolitik bezieht sich auf das Potenzial, durch Kooperation und Zusammenlegung von Ressourcen und Anstrengungen in der Verteidigung Kosten zu senken und Effizienzgewinne zu erzielen. Im Kontext der europäischen Sicherheitspolitik könnte dies auf verschiedene Bereiche angewendet werden, um die militärische Schlagkraft zu erhöhen, ohne dass jedes einzelne Land die gesamten Kosten für Verteidigungsressourcen und -infrastrukturen tragen muss.

Der europäische Flickenteppich beherbegt leider auch Ideologen, die mit Vorschlaghämmern und Sprengstoff am Fundament des Kontinents werkeln, deren erklärtes Ziel es ist, Europa von innen heraus zu zerlegen. Die europäische Idee steht vor einer Bewährungsprobe. Wird sie den Kräften der Zersetzung widerstehen können, oder werden die

Sprengmeister ihr Ziel erreichen? Man stelle sich vor, mit großen Plänen durch die Straßen zu ziehen, als wäre man auf einem politischen Flohmarkt. Hier ein Stück Nationalismus, dort ein Schuss Populismus und ein paar Gewürze aus dem alten Europa, alles gut vermischt in einer Schüssel voller Feindseligkeiten. Wenn man genau hinsehen könnte, würde man möglicherweise auch eine Prise historischer Ressentiments erkennen, die dem Ganzen den letzten Schliff verleiht. Das Ziel? Ein Europa, das sich selbst zerlegt, als wäre es ein Puzzle, bei dem die Teile absichtlich durcheinander geworfen werden.

Europas Herausforderungen, Sorgen und Chancen sind so komplex, dass es kein Klein-Klein nationaler Lösungen geben darf. Ein Europa der Kooperation ist zu wenig, um als Einheit auftreten zu können. Zu viele Gegenkräfte verschieben sonst die Rahmenbedingungen. Kooperation ist wichtig, aber sie muss mit einer echten politischen und institutionellen Kohärenz einhergehen, um nachhaltig wirksam zu sein. Ohne ein klares gemeinsames Ziel und eine starke, vereinte politische Struktur könnten zu viele gegenläufige Interessen innerhalb der Union die notwendigen Fortschritte verhindern. Die Gefahr, dass nationale Eigeninteressen und kurzfristige politisch motivierte Entscheidungen den gesamten europäischen Kurs in eine zersplitterte Richtung lenken, ist real. Es gibt genug Beispiele, in denen einzelne Mitgliedstaaten gegen gemeinsame europäische Positionen in Bereichen wie Außenpolitik, Handel oder Asylpolitik vorgehen, was den Zusammenhalt der Union insgesamt schwächt.

Großregionen könnten flexiblere und schnellere Reaktionen auf Krisen ermöglichen, indem sie Entscheidungsbefugnisse dezentralisieren und den Austausch von Informationen und Ressourcen optimieren. Die Verflechtung der Teilsegmente bringt die Herausforderung mit sich, unterschiedliche wirtschaftliche Prioritäten und nationale Interessen in Einklang zu bringen, ohne die Stabilität des Binnenmarkts zu gefährden. Ob es sich um die Bereitstellung von Soforthilfen in einer Energiekrise, die Finanzierung von

Militäroperationen oder die Unterstützung von Unternehmen in einer Wirtschaftskrise handelt, ein robustes Finanzsystem und ausreichende Mittel sind erforderlich. Hier setzt die Schaffung eines gemeinsamen europäischen Krisenfonds an, um finanzielle Engpässe auszugleichen und sicherzustellen, dass schnelle Maßnahmen auch in Krisenzeiten umgesetzt werden können. Doch dies erfordert eine strikte Haushaltsdisziplin und ein Einvernehmen darüber, wie diese Mittel aufgebracht werden, was in Anbetracht unterschiedlicher nationaler Haushaltsstrukturen und Finanzpolitiken nicht einfach ist.

Wenn schon parteiinterne Querelen und Manipulationen etwa bei den Grünen oder Sozialisten sich viral verbreiten, sind sie staaten-intern und möglicherweise noch mehr auf dem Boden der Europäischen Union bereits infiltriert. Warum sich über äußere Bedrohungen sorgen, wenn wir uns selbst zerlegen können? Parteiinterne Machtkämpfe, Manipulationen und Grabenkämpfe sorgen schon innerhalb der Grünen, Sozialisten & Co. für maximale Destabilisierung. Und auf EU-Ebene? Noch besser! 27 Meinungen, unendliche Bürokratie und Lobbyinteressen garantieren, dass jede Entscheidung zerredet wird.

Alle sehen sich natürlich dem Druck ausgesetzt, sowohl die Bedürfnisse ihrer Basis als auch die Erfordernisse einer transnationalen Union zu berücksichtigen. Aber was passiert, wenn diese internen Kämpfe auf eine breitere europäische Bühne übertragen werden? Was, wenn diese Manipulationen und Machtspiele dazu führen, dass Europa am Ende weniger als ein geeinter Block und mehr als ein Konglomerat aus widersprüchlichen Interessen wahrgenommen wird?

Die Tendenz, in solchen komplexen politischen Gefügen zu schachern und sich gegenseitig zu übervorteilen, ist nicht unbedingt auf eine einzige Ideologie begrenzt. In gewisser Weise ist sie ein ungeschriebenes Gesetz innerhalb der politischen Sphäre, wo Entscheidungen oft durch

Hinterzimmergespräche und auch durch Manipulationen getroffen werden. Die EU als supranationales Gebilde, das aus vielen unterschiedlichen Mitgliedstaaten und politischen Strömungen besteht, generiert einen besonders fruchtbaren Boden für solche Taktiken.

Und während die Wähler in einem Land vielleicht nie direkt mit diesen innerparteilichen Kämpfen konfrontiert sind, kann die größere politische Wirkung auf europäischer Ebene durchaus spürbar sein. Ist es dann verwunderlich, wenn solche internen Machtspiele auch die Entscheidungsfindung in der Union beeinflussen? Es hat manchmal weitreichende Konsequenzen für die gesamte Gemeinschaft. Wer trauert noch der guten alten Politik nach, wo Intrigen und Machtspiele nur im Hinterzimmer stattfanden. Mittlerweile sind sie fast als kulturelles Erbe überall vorhanden. Natürlich sind solche Power-Plays nicht auf die Innenräume von Parlamentsbüros beschränkt. Die wirklich großen Machenschaften, die den Kontinent beeinflussen, finden weitgehend überall statt, wo ein

Konsens nicht etwa als Ergebnis einer wohlüberlegten Diskussion, sondern als der geschickte Handel von Machtpositionen verstanden wird. Das bedeutet natürlich, dass jeder seine eigene kleine Machtintrige verfolgt und die große, glänzende Vision von Europa währenddessen weiter vorangetrieben wird.

Gerade innerhalb der Europäischen Union, wo die politischen Kräfte aus unterschiedlichen Mitgliedstaaten miteinander ringen, haben diese Spannungen die Möglichkeit, neue Dimensionen zu erreichen. Umso mehr wächst die Idee, aus den Nationen überschneidende Großregionen zu institutionalisieren. In der aktuellen geopolitischen Landschaft, in der sich die nationale Souveränität immer stärker mit supranationalen Strukturen vermischt, rückt die Idee von Großregionen innerhalb der Europäischen Union zunehmend in den Fokus.

Ein zentraler Vorteil dieser Großregionen liegt in ihrer Funktion als Schnittstellen für grenzüberschreitende

Kooperationen. Durch enge wirtschaftliche Verflechtungen und gemeinsame Infrastrukturprojekte stärken sie den Binnenmarkt und tragen zur regionalen Entwicklung bei. Programme wie „Interreg" unterstützen diesen Prozess, indem sie finanzielle Mittel für grenzüberschreitende Initiativen bereitstellen. Zudem fördern Großregionen den kulturellen Austausch und das gesellschaftliche Zusammenwachsen, was langfristig zur Bildung einer gemeinsamen europäischen Identität beiträgt. Historisch gewachsene Verbindungen zwischen Regionen, beispielsweise im Saar-Lor-Lux-Raum oder der Alpen-Adria-Region, zeigen, dass Zusammenarbeit über nationale Grenzen hinweg funktionieren kann und Vorteile für alle Beteiligten bringt.

Politisch gesehen können europäische Großregionen als Modelle für eine differenzierte Integration dienen, indem sie flexible Ansätze für die Zusammenarbeit bieten. Sie ermöglichen es, auf regionale Besonderheiten einzugehen, ohne den übergeordneten Integrationsprozess der EU zu gefährden. Insgesamt tragen sie entscheidend zur wirtschaftlichen, kulturellen und politischen Stärkung der EU bei. Sie fördern den Zusammenhalt innerhalb Europas und bieten ein Modell für eine flexible, aber dennoch eng verbundene Union.

Die zunehmende Komplexität der politischen Interaktionen ist ein Resultat der wachsenden Globalisierung und der damit verbundenen Anforderungen an eine engere Zusammenarbeit. In diesem Zusammenhang scheint der nationale Rahmen oftmals zu klein, um den Herausforderungen des 21. Jahrhunderts gerecht zu werden. Dies hat zu einem Umdenken in der EU geführt, bei dem die Idee von Großregionen als politisch-organisatorische Einheiten ins Spiel kommt. Diese Großregionen müssten bestehende politische und wirtschaftliche Akteure auf neue Weise zusammenführen und einen effizienteren Mechanismus für die Zusammenarbeit schaffen.

Großregionen innerhalb der EU sind keine neue Erfindung. Bereits in der Vergangenheit gab es Versuche, Regionen mit ähnlichen politischen, wirtschaftlichen oder kulturellen Interessen innerhalb der Union enger zu verzahnen. So sind etwa die Visegrád-Gruppe mit Tschechien, Ungarn, Polen, Slowakei oder die nordische Kooperation Beispiele für regionale Zusammenschlüsse, die regionale Interessen bündeln und auf europäischer Ebene stärker vertreten. Dies stärkt die Kohärenz innerhalb der Union, indem es den Einfluss einzelner Länder und ihrer Interessen ausbalanciert und die Verhandlungsdynamik verändert.

Die Schaffung von Großregionen würde die Wahrnehmung von Staatlichkeit weiter verändern. Großregionen bündeln gemeinsame Interessen und Ziele und gestalten so die Entscheidungsfindung auf europäischer Ebene viel effizienter. Die Schaffung regionalerBlöcke, die untereinander interagieren, machen die EU als Ganzes handlungsfähiger, ohne dass die nationalstaatliche Struktur völlig aufgelöst wird. Eine stärkere Betonung regionaler

Identitäten fördert auch die Subsidiarität, wenn Entscheidungen auf der untersten, direktesten Ebene getroffen werden. Dies gibt den wieder Bürgern das Gefühl, dass ihre Stimmen auch auf regionaler Ebene mehr Gewicht haben und dass die Politik näher an ihren Bedürfnissen orientiert ist.

Letztlich bleibt die Frage offen, ob die Idee von Großregionen innerhalb der Europäischen Union eine wirkliche Lösung für die Herausforderungen des 21. Jahrhunderts darstellt oder ob sie lediglich eine kurzfristige Antwort auf die drängenden politischen Umstände ist. Die Entwicklung hin zu einer stärker regionalisierten Union wäre ein interessanter Schritt, die politische Landschaft Europas langfristig auf ganz andere Art zu prägen.

Die EU als Ganzes wird jededenfalls ihre Wettbewerbsfähigkeit verlieren, wenn sie nicht in der Lage ist, stärker integrierte und kohärente regionale Strategien zu entwickeln. Das Fehlen einer klaren regional geeinten

Struktur schwächt eindeutig die EU politisch und wirtschaftlich. Europa gerät dann in bedeutenden geopolitischen und wirtschaftlichen Verhandlungen ins Hintertreffen. Wenn es keine stärkere regionale Festigung gibt, könnte das Gefühl für ein gemeinsames europäisches Ziel schwinden und das europäische Projekt als solches verliert an Bedeutung.

Europa steht somit an einem Scheideweg. Entweder es gelingt, eine kohärente, regional integrierte Strategie zu entwickeln, oder die EU droht, im globalen Wettbewerb den Anschluss zu verlieren. Während andere Wirtschaftsmächte ihre Kräfte bündeln, um geopolitisch und wirtschaftlich mit klarer Linie aufzutreten, verstrickt sich die EU weiterhin in nationale Einzelinteressen, ineffiziente Entscheidungsstrukturen und langwierige politische Debatten.

Das Fehlen einer einheitlichen politischen und wirtschaftlichen Strategie schwächt nicht nur die europäische Wettbewerbsfähigkeit, sondern auch die EU als politischen Akteur. In internationalen Verhandlungen gerät Europa zunehmend ins Hintertreffen, da es als zersplittertes Konstrukt auftritt, anstatt als geschlossene Einheit. Wer keinen klaren Kurs vorgibt, wird auf der Weltbühne nicht als ernstzunehmender Partner wahrgenommen und genau in diese Richtung droht die EU derzeit zu navigieren.

Noch gravierender ist die langfristige Gefahr. Ohne eine stärkere regionale Festigung droht das europäische Projekt an Bedeutung zu verlieren. Die Bürger könnten das Vertrauen in die EU verlieren, wenn sie nicht mehr als handlungsfähige Gemeinschaft wahrgenommen wird. Das Gefühl einer gemeinsamen europäischen Identität schwindet, wenn nationale Eigeninteressen über kollektive Ziele gestellt werden. Europa hat keine Wahl. Ohne Integration, klare politische Prioritäten und eine geeinte wirtschaftliche Strategie wird die EU von einem globalen Gestalter zu einem Zaungast degradiert. Die Frage ist nicht, ob Europa sich einigen *sollte*, sondern ob es sich Uneinigkeit noch *leisten kann*.

7. IMPERIALISTiSCHE EINFLÜSSE

Donald Trump, Geschäftsmann, TV-Star, Twitter-König und nebenbei auch mal Präsident. Sein Erfolgsrezept besteht aus ein bisschen Wirtschaftsnationalismus, eine Prise Establishment-Feindlichkeit und jede Menge „America First". Doch was steckt wirklich hinter dieser Strategie? Trump - der Deal-Maker oder der Chaos-Stifter? Wirtschaftsnationalismus oder „Ich gegen den Rest der Welt"? Seine Amtszeiten sind geprägt von einem unkonventionellen politischen Stil, der als nationalistisch und wirtschaftlich aggressiv wahrgenommen wird. Besonders auffällig sind seine geopolitischen Interessen, die an historische Muster imperialistischer Politik erinnern. Drei bemerkenswerte Beispiele sind sein Interesse an Grönland, seine Haltung gegenüber Kanada und die geopolitische Bedeutung des Panamakanals.

Natürlich, Grönland ist reich an natürlichen Ressourcen wie Seltene Erden, Erdöl und Erdgas. Zudem liegt die Insel geopolitisch günstig in der Arktis, wo der Klimawandel neue Handelsrouten und Rohstoffquellen erschließt. Die USA betreiben bereits den Luftwaffenstützpunkt Thule in Nordgrönland, der für die Verteidigung Nordamerikas und für das Frühwarnsystem gegen Raketenangriffe aus Russland eine zentrale Rolle spielt.

Unter Trump eskalierte der Handelskonflikt zwischen den USA und Kanada. Die US-Regierung verhängte 2018 hohe Zölle auf kanadischen Stahl und Aluminium. Trump stellte mehrfach Kanadas Ansprüche auf arktische Gebiete infrage. Kanada erhebt Hoheitsrechte über Teile der Nordwestpassage, die wegen des Klimawandels als künftige Seehandelsroute an Bedeutung gewinnt. Trump hingegen favorisierte eine sogenannte internationale Nutzung, was den geopolitischen Einfluss der USA stärken würde.

Der Panamakanal war seit seiner Eröffnung 1914 ein

geopolitisch bedeutsames Element der US-Außenpolitik. Indem Trump explizit von einer Rückeroberung des Kanals spricht, passt seine "America First"-Politik in das historische Muster amerikanischer Kontrolle über strategische Handelsrouten. Trumps Politik zielt auf eine rücksichtslose wirtschaftliche und militärische Stärkung der USA ab. Sein Interesse an einer Stärkung der US-Flotte in der Karibik könnte indirekt als Versuch interpretiert werden, Einfluss in der Region zu erhalten. Ein weiterer Aspekt ist die wachsende Präsenz Chinas in Lateinamerika, insbesondere in Panama. Trump könnte den Panamakanal als strategischen Punkt betrachtet haben, um chinesische Einflüsse zu begrenzen.

Trumps Politik mag auf den ersten Blick chaotisch wirken, immerhin folgt sie einer klaren Linie der Stärkung der US-Dominanz auf globaler Ebene. Sein Versuch, Grönland zu kaufen, wirkte zwar skurril, ist aber Ausdruck eines wirtschaftlich und strategisch motivierten Machtanspruchs. Immerhin ist Grönland von den Großmächten sehr begehrt.

Die dänische Regierung, die Grönland verwaltet, sieht sich daher auch internationalen Interessen und Einflussnahme ausgesetzt. Das Thema Grönland ist somit nicht nur eine Frage der wirtschaftlichen Ausbeute, sondern auch ein wichtiger Aspekt der globalen geopolitischen Strategien.

Die USA und Kanada gelten traditionell als enge Partner, doch Trumps Wirtschaftspolitik und geopolitische Ambitionen stellten diese Beziehung auf die Probe. Eine weitere Eskalation hätte nicht nur wirtschaftliche, sondern auch sicherheitspolitische Konsequenzen. Die entscheidende Frage ist, ob Trumps Erbe einmal fortgesetzt wird. Auch wenn seine prägnanten Formulierungen in der Welt für Empörung sorgen, könnten kommende US-Administrationen die gleichen Interessen subtiler weiterverfolgen. Der moderne Imperialismus bleibt also ein Thema, das weit über Trumps Amtszeit hinaus Bedeutung haben wird.

Diese Haltung passt zu Trumps politischem Stil, der von den meisten Beobachtern als populistisch beschrieben wird. Seine Rhetorik zielt darauf ab, ihn als entschlossenen und unkonventionellen Führer darzustellen, der bereit ist, etablierte Normen in Frage zu stellen. Seine geopolitische Interessen und sein aggressiver wirtschaftlicher Ansatz, insbesondere in Bezug auf Zölle und Handelsabkommen, zeigen eine Rückkehr zu einer Form von Wirtschaftsnationalismus, die an frühere Epochen der US-Geschichte erinnert. Trumps geopolitische Ambitionen spiegeln seinen Wunsch wider, die USA als dominante globale Macht zu positionieren, auch wenn dies auf Kosten langjähriger Allianzen und internationaler Normen geht.

Zunächst einmal ist es bemerkenswert, wie Trump es geschafft hat, eine breite Wählerschaft anzusprechen, indem er sich als Außenseiter präsentierte, der gegen das Establishment kämpft. Diese Vorgangsweise spricht nicht nur frustrierte Wähler an, sondern mobilisiert auch emotionale Reaktionen, die über rationale Argumentation hinausgehen. Sein aggressiver wirtschaftlicher Ansatz, insbesondere in Bezug auf Zölle und Handelsabkommen, kann als Rückkehr zu einer Form des Wirtschaftsnationalismus verstanden werden, der in der amerikanischen Geschichte immer wieder aufgetreten ist. Diese Haltung birgt jedoch Risiken, da sie die globalen Handelsbeziehungen destabilisiert und langfristig negative Auswirkungen auf die US-Wirtschaft haben könnte. Ein isolierter Ansatz könnte die USA von wichtigen internationalen Märkten und Partnern abkoppeln, was wiederum die eigene Wettbewerbsfähigkeit schwächen würde.

Trumps Zollpolitik ist wirklich ein Meisterwerk der wirtschaftlichen Selbstbeschäftigung. Erst feuert er Handelskriege in alle Richtungen ab, dann muss er die eigenen Bauern mit Steuergeldern retten, weil ihre Exporte im Kreuzfeuer landen. Ein brillanter Plan, wenn man Wirtschaft als eine Art staatlich gefördertes

Beschäftigungsprogramm für Bürokraten und Subventionsberater versteht. Trump erklärt Zölle zur neuen Wunderwaffe und stellt sich damit gegen das, was die meisten Ökonomen als sinnvolle Handelspolitik bezeichnen würden. Das Ergebnis? Eine Art wirtschaftliches Roulette, bei dem mal China, mal die EU und zwischendurch auch mal Kanada die Hauptgegner sind. Seine Politik hat bewiesen, dass ein Präsident durchaus in der Lage ist, Bauern gleichzeitig mit Agrarzöllen zu bestrafen und ihnen dann Subventionen als Wiedergutmachung zu zahlen, eine Art wirtschaftliches Perpetuum Mobile.

Darüber hinaus gefährdet die Ablehnung langjähriger Allianzen und internationaler Normen die geopolitische Stabilität. Trumps Politik hat oft zu Spannungen mit traditionellen Verbündeten geführt und das Vertrauen in die US-Außenpolitik untergraben. Die Unsicherheit, die durch unvorhersehbare Entscheidungen entsteht, könnte andere Länder dazu veranlassen, ihre eigenen Allianzen und Strategien zu überdenken, was zu einer fragmentierteren und potenziell konfliktbelasteten internationalen Ordnung führen könnte.

Statt klassischer Diplomatie setzte Trump auf ein revolutionäres Konzept: regieren per Tweet. Warum langwierige Verhandlungen führen, wenn man in 280 Zeichen klarstellen kann, dass Nordkoreas Kim Jong-un „Little Rocket Man" ist? Die Welt hält den Atem an, während sich internationale Beziehungen in Echtzeit auf Social Media abspielen. Die Welt wird ihn nicht so schnell vergessen. Vielleicht sehen wir ihn bald als Moderator einer neuen Reality-Show: *„The World's Biggest Deals - With Donald J. Trump"*. Und wer weiß, vielleicht gibt es dann noch eine weitere Reality-Show namens *Survivor: Grönland Edition*, gesponsert von Exxon Mobil und Tesla, je nachdem, wer zuerst die Oberhand gewinnt.

Trumps Ansatz zur internationalen Diplomatie ließ sich in etwa so zusammenfassen: Verträge sind überbewertet, Verbündete bestenfalls optional, Chaos - warum nicht!

Während frühere Präsidenten mühsam an multilateralen Bündnissen feilten, entschied sich Trump für die innovative Methode des geopolitischen Abrisses, ganz ohne Bauplan für den Wiederaufbau. Die NATO, ein überflüssiger Kostenfaktor, die G7, eine Bühne für spontane Eklats. Wer dachte, Außenpolitik sei eine fein abgestimmte Balance aus Diplomatie und Strategie, musste feststellen, dass sie auch mit spontanen Tweets, Beleidigungen und abrupten Rückzügen funktionieren kann, oder eben auch nicht. Das Ergebnis ist Verwirrung unter den Verbündeten, Freude bei den Gegnern und eine Weltordnung, die sich plötzlich fragt, ob sie sich nicht doch besser selbst organisieren sollte. Wenn das Ziel war, das globale Machtgefüge so durcheinanderzuwirbeln, dass niemand mehr durchblickt, dann war das wohl ein voller Erfolg.

Auch Russland und China verfolgen in der Arktis langfristige geopolitische und wirtschaftliche Interessen, die Dänemark und westliche Bündnisse vor Herausforderungen stellen. Russland sieht die Arktis als strategisch essenziell für seine nationale Sicherheit und wirtschaftliche Zukunft. Das Land hat seine militärische Präsenz in der Region in den letzten Jahren massiv ausgebaut, mit neuen Stützpunkten, verbesserter Infrastruktur und regelmäßigen Militärübungen. Moskau betrachtet die Nordostpassage als eine zentrale Handelsroute und strebt eine Kontrolle über diesen wichtigen Seeweg an. Im Kontext von Grönland bedeutet dies eine potenzielle Ausweitung russischer Einflussnahme, sei es durch wirtschaftliche Kooperationen oder verdeckte strategische Aktivitäten.

China verfolgt ähnlich eine ambitionierte Arktis-Strategie unter dem Konzept der „Polaren Seidenstraße". Obwohl es geographisch kein arktischer Staat ist, hat China großes Interesse an den natürlichen Ressourcen Grönlands, insbesondere an seltenen Erden und anderen strategischen Rohstoffen. Peking hat bereits versucht, in grönländische Infrastrukturprojekte, wie den Bau von Flughäfen, zu investieren, was auf den Widerstand westlicher Regierungen stieß. Zudem strebt China langfristig eine größere diplomatische und wirtschaftliche Präsenz in der Region an, um Einfluss auf die zukünftige Entwicklung der Arktis zu nehmen.

Russlands imperialistische Anwandlungen zeigen sich besonders in seiner Politik gegenüber den ehemaligen Sowjetstaaten und der Erweiterung seines Einflusses in Regionen wie Osteuropa, Zentralasien und dem Nahen Osten. Der Ukraine-Konflikt, beginnend mit der Annexion der Krim 2014 und der russischen militärischen Intervention in der Ostukraine, stellt einen der deutlichsten Beispiele für Russlands imperialistische Ambitionen dar. Russland sieht sich als Schutzmacht für russische Minderheiten und gewahrt einen strategischen Zugang zum Schwarzen Meer und den Mittelmeerräumen.

Zudem strebt Russland eine Wiederherstellung seines Einflusses in den ehemaligen Sowjetrepubliken an. In diesem Zusammenhang nutzt Russland sowohl militärische Macht als auch weiche Machtinstrumente wie

Wirtschaftsabhängigkeiten, Energiepolitik und politische Allianzen, um seinen Einfluss auszuweiten. Russlands hybride Kriegsführung hat sich in den letzten Jahren als ein zentrales Element der russischen Außenpolitik herauskristallisiert, insbesondere mit Blick auf die Einmischung in innereuropäische Wahlen und die Beeinflussung von Wirtschaftsstrukturen. Diese Form der Kriegsführung kombiniert traditionelle militärische Mittel mit modernen, asymmetrischen Taktiken, die den Einsatz von Informationskrieg, Cyberangriffen, Desinformation, politischen Einflussoperationen und wirtschaftlichen Druckmitteln umfassen.

Präparierte Irritationen und Verfälschungen sind in der heutigen, hochgradig vernetzten Welt ein ernstzunehmendes Werkzeug der Manipulation und Kriegsführung, insbesondere im Rahmen hybrider Konflikte. Die absichtliche Schaffung von Verwirrung, falschen Narrativen und die Verfälschung von Informationen können das Vertrauen in Institutionen, Medien und sogar in die

Wahrnehmung der Realität selbst zerstören. Russland hat wiederholt versucht, Wahlen in verschiedenen westlichen Demokratien zu beeinflussen, um politische Ergebnisse zu fördern, die seinen strategischen Interessen dienen. Dies geschieht häufig durch die Verbreitung von Desinformation und Fake News, die darauf abzielen, das Vertrauen in die demokratischen Prozesse zu untergraben, politische Instabilität zu fördern und populistische oder pro-russische Kandidaten zu unterstützen.

Solche Versuche wurden bei den Parlamentswahlen in Frankreich und bei den Bundestagswahlen in Deutschland sowie bei den britischen Brexit-Referenden festgestellt. Neben der direkten Beeinflussung der Wählerstimmung werden auch politische Akteure und Organisationen unterstützt, die im Einklang mit russischen Interessen stehen. So hat Russland enge Beziehungen zu populistischen und euroskeptischen Parteien in Europa aufgebaut, darunter etwa die AfD in Deutschland, das Rassemblement National in Frankreich und andere rechtspopulistische Bewegungen, die eine pro-russische Haltung einnehmen.

Neben der physischen und politischen Einflussnahme auf Wahlen und Wirtschaftsstrukturen hat der Kreml in den letzten Jahren eine Reihe von Cyberangriffen durchgeführt, die sich gegen europäische Staaten und Institutionen richten. Russische Hackergruppen, die mit dem russischen Militärgeheimdienst GRU in Verbindung gebracht wird, haben wiederholt Cyberangriffe auf politische Organisationen, Wahlbehörden und private Unternehmen durchgeführt. Darüber hinaus werden in sozialen Medien gezielt Fake News und Polarisierungsinhalte verbreitet, um gesellschaftliche Spannungen zu verstärken und das Vertrauen in demokratische Prozesse zu untergraben. Russlands hybride Kriegsführung zielt darauf ab, in Europa und darüber hinaus eine Atmosphäre von Instabilität, Misstrauen und Spaltung zu schaffen. Diese Strategie nutzt die Schwächen westlicher Demokratien und deren offene Gesellschaften aus, indem sie auf technologische, politische und gesellschaftliche Risse abzielt. Russlands Ziel ist es, den Westen zu schwächen, pro-russische Regierungen oder Bewegungen zu unterstützen und letztlich den Einfluss Russlands auf globaler Ebene zu steigern, ohne dass eine direkte militärische Auseinandersetzung erforderlich ist.

Putin, der Unerschütterliche ist fest entschlossen, das Erbe des großen Russland wiederherzustellen, das irgendwann mal ein riesiges Imperium war. Er schleicht sich in die westliche Welt wie der ungebetene Gast auf einer Party, der mit einem Glas Wodka in der Hand immer wieder „Die EU kann mich mal!" sagt, während er subtil eine politische Krise nach der anderen anzettelt. Und wenn er mal zu viel Wodka getrunken hat, landet er in einem Land, das schon seit Jahren die „richtige" politische Partei hat, um in den Wahlen einen kleinen Schubs zu geben.

Wenn Putin mit seinen hybriden Manövern nicht weiterkommt, dann geht es eben doch über die große Eingangstür, dem knallharten, militärischen Spektakel. Er ist der echte Meister des pragmatischen Planens. Wenn das sanfte Anklopfen keine Ergebnisse liefert, dann bleibt nur noch Plan B mit der Special Military Operation. Es ist wie ein „Guerillakriegsführung für Anfänger"-Kurs, bei dem der Dozent ständig sagt: „Wir machen das alles aus rein humanitären Gründen!" Und währenddessen hat er schon wieder die nächsten zehn Taktiken in der Tasche, um das Land direkt auf der Landkarte zu verschieben. Ironischerweise geht dieser Plan sehr oft auf, weil der Westen schweigt.

Ganz anders Xi-Jinping in China, dem Land, das vorläufig mit der Strategie des sanften Imperiums brilliert. China hat die Weltwirtschaft irgendwie wie ein riesiges Buffet umgekrempelt. Und bevor man sich versieht, steht man mitten in einem finanziellen Abhängigkeitsnetz, das wie ein gigantisches, globales Trampolin aussieht, auf dem Hüpfen und Springen erlaubt ist, aber irgendwie landet man immer wieder auf dem gleichen Punkt und der heisst China. China hat die Weltwirtschaft quasi zu einem gigantischen Buffet gemacht, indem es Märkte aufgekauft, Handelsbeziehungen aufgebaut und Kredite vergeben hat, oft mit der Aussicht auf langfristige wirtschaftliche Abhängigkeit. Unternehmen, Länder und sogar ganze Regionen finden sich unweigerlich in einem Netz von Beziehungen wieder, das schwer zu durchschauen und noch schwerer zu entwirren ist.

Ein bemerkenswertes Beispiel für den imperialistischen Ansatz der VR China ist die Schuldenfallen-Diplomatie. Länder, die hohe Kredite von China aufnehmen, geraten in finanzielle Schwierigkeiten und sind daher gezwungen, ihre strategischen Assets oder Infrastrukturen an China abzutreten. Ein bekanntes Beispiel hierfür ist Sri Lanka, das 2017 das Management des Hambantota-Hafens für 99 Jahre an China abtrat, nachdem es Schwierigkeiten hatte, den chinesischen Krediten nachzukommen.

Ein weiteres Kennzeichen von Chinas imperialistischen Bestrebungen sind seine aggressiven territorialen Ansprüche, insbesondere im Südchinesischen Meer. China beansprucht fast das gesamte Südchinesische Meer, ein Gebiet, das auch von mehreren anderen Ländern wie Vietnam, den Philippinen, Malaysia und Brunei beansprucht wird. In diesem umstrittenen Gebiet hat China künstliche Inseln gebaut und militärische Stützpunkte errichtet, was als Versuch angesehen wird, die Kontrolle über diese strategischen Gewässer und deren Ressourcen zu sichern. Das Südchinesische Meer ist eine der wichtigsten Handelsrouten der Welt und China nutzt diese geostrategische Lage, um seinen Einfluss in Asien und darüber hinaus auszuweiten.

Am Ende des großen Spiels sitzen Russland und China nebeneinander, vielleicht bei einer Tasse Tee und lachen über all das Chaos, das sie verursacht haben. Der wahre Witz dabei ist, dass beide zunächst unterschiedliche Taktiken nutzten, aber am Ende das gleiche Ziel hatten: mehr Macht und Kontrolle. Und das alles natürlich im Interesse der globalen Stabilität, wie es in der offiziellen Pressemitteilung steht. Vielleicht könnte man dieses geopolitische Drama als „Die zwei großen Herrscher im Schatten" bezeichnen, die das Spiel spannend machen wie ein Netflix-Original. Das allerbeste daran ist, dass die zweite Staffel sicher kommen wird, auch wenn die erste übersehen worden ist.

8. FAKES UND DIE ÖFFENTLICHKEIT

Was, wenn die Öffentlichkeit von der Akzeptanz von Lügen und Fakes nicht zurückschreckt? Damit stellen sich tiefgreifende und besorgniserregende Fragen über das Vertrauen in die sozialen, politischen und wirtschaftlichen Systeme sowie über die Integrität der Informationsgesellschaft insgesamt. Dies ist ein Szenario, das zunehmend realer wird, da der Zugriff auf Informationen in der digitalen Ära einfacher und zugleich undurchsichtiger geworden ist. Die Akzeptanz von Falschinformationen und manipulierten Erzählungen hat nicht nur Auswirkungen auf das individuelle Verhalten, sondern auch auf das kollektive gesellschaftliche Gefüge.

Die Post-Wahrheits-Gesellschaft steht vor enormen Herausforderungen, aber sie bietet auch die Möglichkeit, eine aktive und verantwortungsbewusste Haltung gegenüber der Wahrheit zu entwickeln. In einer Zeit, in der Fakten und Informationen immer schneller verbreitet und gleichzeitig oft verzerrt oder manipuliert werden, muss die Gesellschaft als Ganzes sicherstellen, dass der Wert objektiver Wahrheit nicht nur erhalten bleibt, sondern aktiv gefördert wird. Wenn Falschinformationen die Entscheidungsprozesse beeinflussen und die Menschen in ihrer Wahrnehmung der Realität verzerren, wird der demokratische Diskurs gefährdet. Entscheidungen, die auf Lügen und Manipulationen beruhen, sind nicht nur undemokratisch, sondern auch gefährlich, da sie die Grundlage für gesunde politische Entscheidungen und gesellschaftliche Zusammenarbeit zerstören. Die Post-Wahrheits-Gesellschaft ist nicht nur eine Herausforderung, sie ist auch ein Weckruf.

Der Glaube an Lügen und Falschinformationen ist nicht zufällig. Menschen neigen dazu, Informationen zu akzeptieren, die ihre bestehenden Überzeugungen und Weltanschauungen bestätigen. Dieser Bestätigungsfehler führt dazu, dass sogar falsche oder manipulative Inhalte, die die eigene Sichtweise stützen, glaubwürdig erscheinen. Die Fähigkeit, zu kritischem Denken und zu einem rationalen Hinterfragen von Informationen zu kommen, wird durch die Überflutung mit Daten und die fragmentierte Medienlandschaft stark eingeschränkt.

Die Fähigkeit, zwischen vertrauenswürdigen und weniger vertrauenswürdigen Quellen zu unterscheiden, ist nicht überall ausreichend entwickelt. Viele Menschen, besonders in der jüngeren Generation, sind nicht ausreichend darauf vorbereitet, die Vielzahl an Informationen, die ihnen täglich begegnen, kritisch zu hinterfragen. Die Informationsflut auf sozialen Medien und anderen digitalen Plattformen macht es zunehmend schwieriger, den Wahrheitsgehalt einer Nachricht zu verifizieren.Wenn Menschen ihre Informationen nur aus Quellen beziehen, die ihre eigenen Überzeugungen bestärken, wird der gesellschaftliche Diskurs zunehmend polarisiert.

Es entstehen Parallelgesellschaften von Wahrheiten, in denen jede Gruppe ihre eigene Version der Realität lebt. Dies erschwert es, gemeinsame Lösungen für gesellschaftliche Probleme zu finden, da grundlegende Fakten und Daten nicht mehr geteilt werden. Die Gesellschaft muss einen Raum schaffen, in dem Meinungsverschiedenheiten respektvoll und auf Grundlage von überprüfbaren Fakten ausgetragen werden können. Es muss wieder möglich sein, unterschiedliche Perspektiven zu akzeptieren, ohne dass diese in Polarisierung und Feindseligkeit enden.

In einer Welt, in der Informationen im Sekundentakt einprasseln, wäre die Fähigkeit zur kritischen Reflexion wichtiger denn je. Doch leider scheint genau diese Fähigkeit immer seltener vorzukommen. Statt Nachrichten zu hinterfragen, lassen sich viele Menschen, besonders in der jüngeren Generation von Algorithmen diktieren, was sie zu glauben haben.

Dank sozialer Medien reicht es heute nicht mehr aus, dass eine Information *wahr* ist, sie muss *gut ins eigene Weltbild passen.* Wer sich nur noch in seiner Filterblase bewegt und ausschließlich Quellen konsumiert, die die eigenen Überzeugungen bestätigen, bekommt genau das: eine maßgeschneiderte Realität, in der Widerspruch als Angriff empfunden wird. Während ein Teil der jüngeren Generation in den endlosen Strudel von Social Media und maßgeschneiderten Algorithmen hineingezogen wird, zeigt sich ein anderer Trend. Immer mehr junge Menschen sind *müde* von der Informationsflut und der Oberflächlichkeit, die mit ständigem Scrollen einhergeht. Es gibt eine wachsende Bewegung hin zu mehr Medienkompetenz und bewusster Informationsaufnahme. Laut jüngster Untersuchungen scheinen junge Leute durchaus bereit zu sein, sich intensiver mit Themen auseinanderzusetzen. Sie haben dabei durchaus die Idee, dass man die Wahrheit nicht in der ersten Schlagzeile finden kann.

Spannend ist der zunehmende Wunsch nach *authentischen*

Quellen. Zahlreiche junge Menschen suchen gezielt nach Hintergrundwissen und versuchen, zwischen verschiedenen Perspektiven zu unterscheiden und schätzen Inhalte, die von Experten oder unabhängigen Quellen kommen. Es gibt auch ein wachsendes Interesse an *Faktencheck-Tools* und *kritischem Denken*. Allerdings wird es gleichzeitig zunehmend schwerer, *glaubwürdige* und Quellen zu finden. Doch dieser Prozess des Suchen und Überprüfens von Fakten scheint ein Trend zu sein, den manche junge Menschen gerade als notwendig erachten, um in einer von Fehlinformationen überfluteten Welt zu überleben.

Wenn die Akzeptanz von Fakes und Lügen zur Norm wird, könnte es zu einer florierenden Desinformationsindustrie kommen, in der bewusst falsche Inhalte produziert und verbreitet werden, um profitabel zu sein. Diese Fake News hätten nicht nur das Potenzial, Wahlen zu beeinflussen oder gesellschaftliche Spannungen zu schüren, sondern auch, ganze Wirtschaftszweige zu erodieren. Sie könnten gezielt genutzt werden, um Ängste zu schüren und die öffentliche Meinung zu manipulieren.

Eine weitere erhebliche Bedrohung für die internationale Ordnung stellt die Umgehung der Sanktionen gegen Russland dar. Sie hat weitreichende wirtschaftliche, geopolitische und sicherheitspolitische Konsequenzen. Insbesondere das Phänomen der sogenannten Schattenflotte, einer Flotte von Schiffen, die Sanktionen umgehen, indem sie in betrügerischer Weise Öl, Gas oder andere Rohstoffe transportieren, hat sich als ein äußerst effektives, aber auch gefährliches Instrument in dieser Hinsicht herausgestellt.

Die Sanktionen, die insbesondere nach der Annexion der Krim im Jahr 2014 und seit Beginn des Ukraine-Kriegs 2022 gegen Russland verhängt wurden, zielen darauf ab, den russischen Staat finanziell zu isolieren und seine militärischen Aktivitäten einzuschränken. Dazu gehören unter anderem Handels- und Finanzsanktionen, die den

Export von Öl und Gas, Hochtechnologie und anderen Rohstoffen sowie den Zugang zu westlichen Märkten und Finanzinstitutionen betreffen. Doch Russland hat auf diese Sanktionen reagiert, indem es immer raffiniertere Methoden entwickelt hat, um seine Wirtschaftsaktivitäten fortzusetzen und aufrechtzuerhalten.

Diese Schiffe der Schattenflotte sind oft unregistriert, verwenden falsche Identitäten, ändern ihre Flaggen und unterlaufen die Vorschriften, die den Handel mit Russland einschränken sollten. Dadurch wird es Russland ermöglicht, weiterhin Öl und Gas zu verkaufen, insbesondere an asiatische Märkte wie China, Indien und andere Länder. Schiffe, die unter einer bestimmten Flagge registriert sind, ändern ihre Registrierung oder nehmen eine Flagge eines anderen Landes an, das keine Sanktionen gegen Russland verhängt hat. Dies erschwert die Identifikation der Schiffe und die Kontrolle ihrer Herkunft. Diese Methode beinhaltet den direkten Transfer von Öl oder anderen Gütern von einem Schiff auf ein anderes in internationalen Gewässern.

Diese Praxis findet oft statt, um die Herkunft von Ladung zu verschleiern und die Lieferung von Sanktionsempfängern wie Russland an die Zielmärkte zu ermöglichen, ohne dass die Ware in einen Hafen eingeht, wo sie überprüft werden sollte. Ihre Positionen werden auf globalen Schiffsverfolgungsdiensten wie AIS häufig nicht angezeigt oder sind absichtlich verzögert, um ihre Aktivitäten zu verbergen. In vielen Fällen werden auch Fracht- und Schiffsdokumente gefälscht, um die Herkunft von Waren zu verschleiern und den wahren Empfänger zu verbergen.

Die westlichen Sanktionen verlieren ihre Wirkung, wenn Russland in der Lage ist, alternative Märkte zu finden und weiterhin Einnahmen zu generieren, die zur Finanzierung des Krieges und der politischen Agenda verwendet werden können. Wenn russische Öllieferungen an Länder weiterfließen, die keine Sanktionen verhängt haben oder sie nicht durchsetzen, werden die globalen Preise für Rohstoffe künstlich beeinflusst. Die Möglichkeit, weiterhin russische Rohstoffe zu beziehen, verschafft Ländern wie

China und Indien wirtschaftliche Vorteile, während gleichzeitig autoritäre Regime unterstützt werden, die gegen westliche Werte und Interessen stehen.

Zudem unterliegen die Schiffe Schattenflotte oft nicht denselben Sicherheits- und Umweltstandards wie offiziell registrierte Schiffe. Dies kann zu Umweltkatastrophen oder Sicherheitsvorfällen führen, da diese Schiffe möglicherweise nicht ordnungsgemäß gewartet oder betrieben werden, was langfristige ökologische Schäden verursachen kann. Die Fähigkeit Russlands, die Sanktionen erfolgreich zu umgehen, zeigt eine Schwäche in der internationalen Zusammenarbeit und im Enforcement von Sanktionen. Länder, die weiterhin in russische Geschäfte involviert sind, untergraben die Einigkeit der westlichen Staaten und das Vertrauen in multilaterale Institutionen.

9. EUROPAS TO-DO LISTE

Inmitten dieser chaotischen Szenerien steht die europäische Idee, ein zartes Pflänzchen, das sich bemüht, inmitten all der Zersetzungsstrategen zu gedeihen. Wird es ihr gelingen, den zersetzenden Kräften standzuhalten? Die Antwort darauf hängt vielleicht nicht nur von den Ideen ab, sondern auch von der Fähigkeit der Bürger, sich an die eigene Geschichte zu erinnern. Schließlich ist Europa nicht bloß Ort, sondern ein Kontinent, der aus den Trümmern seiner Konflikte und Differenzen gewachsen ist. Vielleicht könnte eine lebendige Diskussion, gewürzt mit einem Hauch von positivem Verständnis, die beste Antwort sein. Das wäre nicht nur eine triumphale Rückkehr zur europäischen Idee, sondern auch ein Zeichen, dass Europa mehr ist als die Summe seiner Teile und dass die Vielfalt, die es ausmacht, auch eine Quelle der Stärke sein kann.

Europäische Souveränität ist weit mehr als ein abstrakter

Begriff, es ist ein idealer Zustand, der nicht nur politisch und wirtschaftlich umgesetzt, sondern auch ernsthaft und entschlossen angegangen werden muss. Es geht darum, eine europäische Identität zu entwickeln, die von der Fähigkeit geprägt ist, selbstbestimmt zu handeln und globale Herausforderungen auf Augenhöhe zu begegnen. Das erfordert nicht nur institutionelle Stärke, sondern auch eine klare Vision für die Zukunft und den Mut, diese Vision zu verfolgen, auch wenn sie gegen bestehende Machtverhältnisse oder etablierte Partnerschaften ankämpft.

In einer Zeit, in der geopolitische Spannungen, wirtschaftliche Umwälzungen und technologische Veränderungen die globalen Dynamiken umgestalten, muss Europa zu einer gemeinsamen, handlungsfähigen Einheit werden, die ihre eigenen Interessen definiert und durchsetzt, nicht aus Abgrenzung oder Isolation, sondern aus einem tiefen Glauben an die eigene Fähigkeit, den Wandel mitzugestalten. Das bedeutet auch, die europäische

Zusammenarbeit so zu vertiefen, dass sie zu einer Weltpolitik von Einfluss wird.

Das eigentlich Gefährliche an den nationalistischen Parteien ist, dass sie mitten im Herzen Europas im Europäischen Parlament sitzen. EKR und IDP sind solche gewählte Volksvertreter, die die EU-Institutionen nutzen, um gegen Europa zu arbeiten. Es ist, als würde man Brandstifter dafür bezahlen, die Feuerwehr zu sabotieren. Ihre Strategie ist nicht bloß populistisches Geplänkel. Sie trifft die EU ins Mark, ihre Angriffe auf den europäischen Zusammenhalt könnten langfristig dazu führen, dass die Union tatsächlich handlungsunfähig wird. Wenn Angst vor Ungewissheit den politischen Diskurs bestimmt, führt das oft zu kurzfristigem Handeln und einer Vermeidung von langfristigen, nachhaltigen Lösungen. Die Unfähigkeit, sich der Unsicherheit zu stellen, kann tatsächlich grundlegende Probleme in der internationalen Politik verschärfen. Oft werden Entscheidungen getroffen, die sich eher an der aktuellen Wahrnehmung von Bedrohungen orientieren, statt auf langfristige Kooperation und stabile Beziehungen zu setzen. Langfristige Planung, die auf Zusammenarbeit, Vertrauen und nachhaltigen Lösungen basiert, könnte dazu beitragen, die negativen Auswirkungen kurzfristigen Handelns zu verringern.

Die Unfähigkeit, konsequent gegen autoritäre Regime und extremistische Parteien vorzugehen, ist eine ernsthafte Bedrohung für demokratische Gesellschaften. Wenn politische Entscheidungsträger auf internationaler oder nationaler Ebene nicht schnell und entschlossen handeln, um diese Bedrohungen zu bekämpfen, kann das zu einer Erosion der Werte führen, die eine Demokratie ausmachen. Halbgare Lösungen oder das Wegschauen bei solchen Herausforderungen tragen nur dazu bei, dass sich diese Bedrohungen weiter ausbreiten und sich festsetzen. Die Frage ist, warum diese klare Handlungsweise oft nicht umgesetzt wird. Liegt es an politischen Interessen, wirtschaftlichen Abhängigkeiten oder schlicht an mangelnder Entschlossenheit? Und wie könnte eine effektive Strategie aussehen, um solchen Regimen und Parteien effektiv entgegenzuwirken, ohne den demokratischen Grundsatz von Dialog und Diplomatie zu gefährden?

Ein Beispiel für lässiges Dahintümpeln ist Alexandar Vucic, Präsident Serbiens, der europaträge wird, weil es ihm gut geht- Er profitiert von Investitionen Deutschlands, erhält Hilfe aus China und Unterstützung von der EU. Das funktioniert so nicht. Der Begriff des Dahintümpelns deutet darauf hin, dass Vučić möglicherweise nicht die notwendigen Schritte unternimmt, um die Herausforderungen, vor denen Serbien steht, aktiv anzugehen. Es gibteine gewisse Stagnation in der politischen und wirtschaftlichen Entwicklung, die durch externe Unterstützung kaschiert wird, ohne dass es zu tiefgreifenden Reformen oder Veränderungen kommt. Für viele in der EU wirkt diese Strategie widersprüchlich. Serbien strebt offiziell die EU-Mitgliedschaft an, doch gleichzeitig bleibt es politisch und wirtschaftlich mit autoritären Regimen wie dem russischen und chinesischen verbunden. Das schafft Spannungen, besonders angesichts des Konflikts mit dem Kosovo und der geopolitischen Dynamik in Europa. Kosovo ist das Sorgenkind der Region, das Serbien immer wieder auf die Nerven geht. Es wäre, als würde Serbien versuchen, in einer Therapie sowohl mit der EU als auch mit Russland zu reden, ohne sich wirklich festzulegen, ob es nun Frieden oder immer wieder Streit will. Es ist ein Spagat, bei dem sich die EU fragt, wie lange sie noch Geduld hat, während Serbien wie ein gelangweilter Teenager darauf wartet, dass der Konflikt irgendwann von selbst verschwindet.

Die Balkanstaaten könnten sich darauf konzentrieren, strukturelle Reformen in Bereichen wie der Wirtschaft, der Justiz und der Verwaltung durchzuführen. Durch die Modernisierung dieser Sektoren könnte die Wettbewerbsfähigkeit erhöht und das Vertrauen der Bürger in die Regierungen gestärkt werden. Langfristige Visionen und Strategien entwickeln gehen immer über kurzfristige politische Entscheidungen hinaus- Eine solche Vision würde wirtschaftliche, soziale und ökologische Aspekte einbeziehen und den Bürgern eine klare Vorstellung von der zukünftigen Entwicklung geben. Wenn die betroffenen Länder bereit wären, aus der Rolle des Teenagers, sich immer noch von außen beschützen zu lassen, herauszutreten und die Verantwortung für die eigene Zukunft zu übernehmen, können sie das Vertrauen der EU wirklich gewinnen.

Die Balkanpolitik der EU scheint oft in einem Dilemma gefangen: einerseits gibt es die geostrategische Notwendigkeit, den Balkan langfristig in die EU zu integrieren und die Region zu stabilisieren, andererseits gibt es eine deutliche Vorsicht und Zögerlichkeit in den Entscheidungsprozessen. Die Region wird zwar immer wieder als Schwellenregion und Strategiezone innerhalb der EU behandelt, aber konkrete Schritte zu einer wirklichen Integration oder Unterstützung fehlen oft.

Der Balkan ist ein geostrategisch fragiles Gebiet, das von historischen Konflikten und geopolitischen Spannungen geprägt ist. Seit dem Zerfall Jugoslawiens und der anschließenden Kriege in den 1990er Jahren ist der Balkanstaat immer wieder zwischen verschiedenen geopolitischen Kräften hin- und hergerissen worden, sei es durch Russland, die USA oder andere Mächte, die ihre eigenen Interessen verfolgen. Die EU hat diesen politischen Raum einerseits als Teil ihrer Wertegemeinschaft betrachtet, andererseits aber zu wenig als kohärentes geopolitisches Projekt gehandelt.

Was der EU oft fehlt, ist eine klare und entschlossene Haltung: Will man die Region wirklich als Teil eines stabilen, vereinten Europas sehen oder nicht? Viele dieser Länder haben das Gefühl, dass sie von der EU immer wieder vertröstet werden, aber nie wirklich angehört oder als vollwertige Partner behandelt werden. Das kann dazu führen, dass der nicht nur geopolitisch durch externe Einflüsse destabilisiert wird, sondern auch von innen heraus verwaltet wird, ohne eine klare Perspektive auf echte EU-Mitgliedschaft. Das kann nicht im Interesse Europas sein. Denn ein destabilisierter Balkan genauso wie ein schwaches, zerrissenes Ost-Europa schaffen nur Lücken, in denen die politischen und wirtschaftlichen Einflüsse von außen, vor allem von Ländern wie Russland und China, verstärkt werden. Ein verwirrtes, instabiles Europa könnte die Grundwerte der EU selbst in Frage stellen.

Die Antwort liegt in einem langfristigen strategischen Plan, der der Region nicht nur den Weg in die EU öffnet, sondern auch durch konkrete Investitionen und Engagement den Zusammenhalt und die Souveränität des Balkans stärkt. Ein Europa, das auf seine peripheren Regionen schaut und dort aktiv Stabilität schafft, ist letztlich auch ein Europa, das sich selbst als gesamtes, starkes geopolitisches Subjekt begreift. Der Westbalkan ist somit in gewisser Weise ein Prüfstein für die europäische Innenpolitik, denn die Region hat enorme strategische Bedeutung, nicht nur aus geopolitischer Sicht, sondern auch im Hinblick auf wirtschaftliche und sicherheitspolitische Fragen. Wenn die EU es schafft, nicht nur politische Unterstützung, sondern auch nachhaltige Investitionen und echte Partnerschaften aufzubauen, könnte das langfristig die gesamte Union stärken. Nicht zu übersehen ist, dass der Westbalkan sehr schnell in Konkurrenz zu anderen globalen Akteuren wie China und Russland steht, die großes Interesse an der Region zeigen.

Wladimir Putin und die russische Außenpolitik haben in den letzten Jahren deutlich gezeigt, dass Russland gezielt Destabilisierung in mehreren Regionen betreibt und das ist für Europa ein echtes Problem. Besonders im Balkan, im Nahen Osten und im Mittleren Osten verfolgt Russland eine Strategie, die darauf abzielt, die westlichen Einflusszonen zu schwächen und die politische Instabilität zu fördern. Im Balkan etwa hat Russland verstärkt seine politischen Verbindungen genutzt, um anti-westliche Tendenzen zu unterstützen und die europäischen Integrationsprozesse zu verlangsamen, indem es zum Beispiel pro-russische politische Gruppen oder Bewegungen stärkt. Es nutzt sowohl weiche Macht, wie kulturelle und religiöse Verbindungen, als auch härtere Mittel, wie politische Unterstützung für autoritäre Regime, um die Region zu beeinflussen und zu destabilisieren.

Im Nahen Osten hat Putin durch Militärinterventionen und die Unterstützung autoritärer Regime seinen Einfluss ausgebaut. Das führt zu einer Zersplitterung und Destabilisierung, die wiederum Europas Sicherheit betrifft, vor allem durch steigende Flüchtlingsströme und die Gefahr eines eskalierenden Konflikts, der die westliche Welt unmittelbar betreffen könnte. Das gleiche Prinzip gilt für den Mittleren Osten, wo Putin durch das Engagement wie im Irak auch das geopolitische Gleichgewicht stört und den Einfluss des Westens in Frage stellt.

Für Europa bedeutet das eine ernsthafte Herausforderung. Denn die fortlaufenden Destabilisierungsversuche der russischen Regierung werfen Schwächen in den westlichen politischen Strukturen auf und gefährden europäische

Werte und die Sicherheit der Mitgliedstaaten. Die diversen Ereignisse der jüngeren Vergangenheit haben nicht nur Auswirkungen auf das direkte Nachbarumfeld, sondern auch auf Europas Außenpolitik, die zunehmend auf eine kohärente und starke Antwort angewiesen ist. Derartige Aktionen, sei es in Form von hybriden Bedrohungen, Propaganda oder sogar militärischen Interventionen, decken Schwächen innerhalb der westlichen politischen Strukturen auf. Diese Schwächen zeigen sich nicht nur in der europäischen Sicherheitspolitik, sondern auch in der Fähigkeit, Werte wie Demokratie, Rechtsstaatlichkeit und Menschenrechte effektiv zu verteidigen. Wenn Russland etwa in der Ukraine agiert oder Einfluss auf benachbarte Regionen ausübt, dann wird die Bedrohung für die EU direkt spürbar.

Die geopolitische Landschaft hat sich in den letzten Jahren stark verändert und die Ereignisse, insbesondere der Ukraine-Konflikt, die Annexion der Krim und die verstärkte militärische Präsenz Russlands in verschiedenen Teilen

Europas, haben das Bild der europäischen Politik merklich verändert. Diese Entwicklungen haben nicht nur unmittelbare Auswirkungen auf die europäischen Nachbarn, sondern auch auf die gesamte Sicherheitsarchitektur Europas. In der aktuellen Lage ist eine koordinierte Antwort wichtiger denn je. Europa muss zeigen, dass es sowohl in der Lage ist, sich selbst zu verteidigen als auch seine Werte aktiv zu vertreten. Dies sollte durch verstärkte militärische Zusammenarbeit innerhalb der EU und der NATO geschehen. Ein entschlossenes Handeln in der Außenpolitik umfasst Sanktionen ebenso wie verlinkte Initiativen in Zusammenarbeit mit internationalen Partnern, die ähnliche Werte teilen.

Wie reagiert Europa: will es die politische und wirtschaftliche Einheit wahren und seine Souveränität gegen äußere Einflüsse verteidigen? oder wird es weiterhin in der Zwickmühle zwischen internen politischen Spannungen und dem Druck von außen stecken bleiben,

ohne ein klares geopolitisches Konzept zu entwickeln?
Europa muss die Verteidigungsarchitektur des 21.
Jahrhunderts gestalten und sich nicht nur als Zuschauer auf
dem globalen Spielfeld verstehen. Vielleicht ist es an der
Zeit, dass die Europäer wirklich an sich selbst glauben und
nicht nur dann, wenn die Umstände schon zu einem
Problem geworden sind.

Das Ziel kann nicht bloß ein Kollaborieren sein, da würde
das Konstrukt bald kollabieren. Definitiv ist eine kohärente
Einheit zu bilden, die in der Lage ist, eine starke Stimme in
globalen Angelegenheiten zu erheben. Europas Mantra
heißt mehr Entschlusskraft in der Entscheidungsfindung
und der Umsetzung von politischem Handeln. Das echte
Europa muss weit mehr sein als eine Ansammlung von
Entitäten, die sich im besten Fall ab und zu auf gemeinsame
Lösungen einigen. Dies erfordert nicht nur politische
Willensbildung, sondern auch tiefgreifende strukturelle
Reformen innerhalb der EU, die die Union von einem
bloßen Schulterschluss zu einer echten politischen und

wirtschaftlichen Einheit machen. Wenn Europa eine echte globale Größe bleiben will, muss es sich als ein starkes und geschlossenes Gebilde präsentieren.

Angestrebt wird ein Europa, das nicht nur bei der nächsten Fußball-Europameisterschaft zusammenhält, sondern auch im Bereich der Wirtschaft, der Sicherheit und der gemeinsamen Werte. Ein Europa, wo man nicht nur die gleichen Regeln hat, sondern auch die gleiche Begeisterung für die Umsetzung dieser Regeln. Ein Ort, an dem sich die Beteiligten nicht nur auf den nächsten Kompromiss einigen, sondern tatsächlich zusammenarbeiten, als wären sie ein eingespieltes Team.

Ist das echte Europa ein exklusiver Club, dessen Mitgliedskarte nur die Länder erhalten, die bereit sind, ihre nationalen Egoismen an der Garderobe abzugeben? Die Realität ist vorläufig noch die eines Mini-Clubs von Nationalisten, in dem jeder Zwerg sein eigenes Lied singt. Was genau ist dieses echte Europa, von dem immer wieder die Rede ist? Vielleicht ist es wie der heilige Gral des europäischen Zusammenhalts, ein Mythos, den alle anstreben, aber keiner so wirklich fassen kann. Oder vielleicht ist es einfach eine Agenda, die gut klingt, solange niemand zu viele Fragen stellt. Europa, eher ein Mini-Club mit großen Träumen? Der Weg zu diesem Europa scheint ein wenig wie ein Gang durch ein endloses Labyrinth, das sich ständig selbst neu erfindet. Wo nationale Interessen und selbstsüchtige kleinkarrierte Agenden lauter schreien als die gemeinsame Vision, läuft der Konsens der großartigen Realität Gefahr, zu einem Mythos abzuschweifen.

Statt nationale Interessen immer wieder in den Vordergrund zu stellen, ist es an der Zeit, stärker auf die Bedürfnisse und Potentiale der Kommunen und Regionen zu setzen. Regionen, die eng miteinander kooperieren, können flexibler auf lokale Herausforderungen reagieren und maßgeschneiderte Lösungen entwickeln, die im großen Maßstab eine viel größere Wirkung entfalten könnten. Die

Optimierung der Politikentwicklung in Europa weg vom Nationaldenken hin zu den Kommunen funktioniert nicht ohne ein professionelles Monitoring und einer seriösen Bewertung der Planungsprozesse. Der Entscheidungsprozess wird als partnerschaftliches Miteinander verstanden. In einer solchen Struktur können die Regionen und Kommunen ihre spezifischen Bedürfnisse und Visionen einbringen, während die übergeordnete Zentrale die Rahmenbedingungen und Ressourcen bereitstellt. Dieser Ansatz ermöglicht es, innovative Lösungen auf lokaler Ebene zu entwickeln, die dann für die gesamte Union angepasst und skaliert werden. Dies fördert eine tatsächliche europäische Identität, die nicht nur aus Brüssel kommt, sondern aus den Herzen der Städte und Dörfer, in denen Menschen leben, arbeiten und ihre Zukunft gestalten.

Europa braucht mehr Respekt vor dem Sinn und dem System seiner Verteidigung. Seine Intelligenz muss zum Widerstand fähig sein. Die große gemeinsame europäische

Idee konstituiert sich im Kern des Weimarer Dreiecks. Die Ezellenz des europäischen Managements muss funktionieren. Sicherheitspolitik geht über die militärische Stärke hinaus. Die Resilienz kritischer Infrastrukturen wie Energieversorgung, Kommunikation und Logistik muss verbessert werden, um Europa gegen geopolitische Erpressung abzusichern. Der Krieg hat gezeigt, dass Versorgungssicherheit genauso entscheidend ist wie militärische Bereitschaft.

Eine eigenständige Sicherheitsstrategie erfordert auch eine geeinte Stimme in der Außenpolitik. Nationale Alleingänge und divergierende Interessen zwischen EU-Mitgliedsstaaten schwächen die Handlungsfähigkeit und Glaubwürdigkeit Europas auf der globalen Bühne. Eine klare, abgestimmte Außenpolitik ist daher unerlässlich. Strategische Autonomie bedeutet nicht Isolation. Europa wird weiterhin auf Partner wie die USA wert legen, doch diese Partnerschaften müssen ausgewogen gestaltet werden. Eine eigenständige Sicherheitsstrategie gibt Europa die Möglichkeit, als gleichwertiger Akteur aufzutreten, statt als Juniorpartner.

Die EU muss Mechanismen wie Investitionskontrollen und strategische Überprüfungen stärken, um sicherzustellen, dass kritische Infrastrukturen nicht unter die Kontrolle ausländischer Akteure geraten. Der Aufbau eigener Kapazitäten in strategischen Industrien sollte zur Priorität werden. Ob es um Halbleiterfabriken, Batteriewerke oder den Ausbau erneuerbarer Energien geht, Europa muss bereit sein, substanzielle Investitionen in seine eigene Zukunft zu tätigen.

Die Fähigkeiten von europäischen Gross-Regionen in den Bereichen Verteidigung und Sicherheit sind zu nutzen. Die Entwicklung eigener Rüstungstechnologien und -systeme würde Europa von den USA als Hauptlieferant für Waffen und Verteidigungstechnologie unabhängiger machen. Europa könnte die Sicherheitskooperation mit regionalen Akteuren wie der Afrikanischen Union oder der ASEAN stärken. Eine starke europäische Cyberstrategie verringert die Abhängigkeit von US-amerikanischen Technologiekonzernen und Sicherheitsdiensten.

Europa muss intensiv in eigene IT-Infrastrukturen und Cybersicherheitskapazitäten investieren. Der Ausbau von Programmen wie der European Space Agency könnte sicherstellen, dass Europa auch im Weltraum unabhängig bleibt, insbesondere bei Kommunikations- und Aufklärungssatelliten. Die Macht der US-Tech-Giganten wie Google, Amazon, Microsoft oder Meta ist wirtschaftlich und politisch von enormer Bedeutung. Sie kontrollieren nicht nur kritische IT-Infrastrukturen, Clouds, Betriebssysteme, Plattformen, sondern haben auch Einfluss auf globale Kommunikationsstrukturen. Europa sollte daher die digitale Souveränität als oberste Priorität setzen, um die eigene technologische und politische Unabhängigkeit zu stärken.

Diese Projekte müssen mit mehr Ressourcen und besserer Koordination zwischen den EU-Entitäten gestärkt werden.

Statt nur auf proprietäre Software zu setzen, könnte Europa vermehrt in Open-Source-Lösungen investieren, die Transparenz und Sicherheit bieten und von der

Gemeinschaft weiterentwickelt werden können.

Neben den vielen technologischen Benefits reduziert der Einsatz von Open-Source-Software die Abhängigkeit von einzelnen Anbietern. Dies kann Unternehmen und staatlichen Institutionen helfen, bessere Kontrolle über ihre IT-Infrastruktur zu haben und Lock-in-Effekte zu vermeiden. Open-Source-Communities fördern die Zusammenarbeit und den Austausch von Ideen, was zu schnelleren Innovationen führen kann. Entwickler aus der ganzen Welt können zur Verbesserung der Software beitragen. Durch Investitionen in Open-Source-Projekte können lokale Unternehmen und Entwickler gefördert werden, was die technologische Selbstständigkeit und die wirtschaftliche Entwicklung der Regionen stärkt.

Die Schaffung einer gemeinsamen europäischen Sicherheitsstrategie im militärischen wie im wirtschaftlichen Spektrum ist der breiten Öffentlichkeit als Schritt zur Sicherung von Frieden und Unabhängigkeit unbedingt zu erklären, um politischen Rückhalt zu gewährleisten. Die breite Öffentlichkeit ist an und für sich eine abstrakte, oft schwer greifbare Masse, deren Einfluss je nach Kontext variiert. Sie besteht aus Individuen mit unterschiedlichen Meinungen, Lebensstilen und Interessen. Sie ist nicht gleichbedeutend mit der Mehrheit oder einer sogenannten Stimme des Volkes, sondern umfasst alle Menschen, auch jene, die nicht aktiv an öffentlichen Debatten teilnehmen. Es handelt sich dabei um einen unspezifischen, heterogenen Personenkreis, der potenziell an gesellschaftlichen, politischen, kulturellen oder wirtschaftlichen Themen interessiert ist oder davon betroffen sein könnte. Darin besteht auch die Chance, sie zu überzeugen. Sie steht noch in Distanz zu spezialisierten Gruppen, etwa Experten oder bestimmten Interessengruppen oder gar etremistischen Aufrührern.

Die neue europäische Strategie sollte zutiefst durch umfassende Diskussionen demokratisch legitimiert sein. So auch der Umgang mit dem Kreml. Allen sollte klar sein, warum denn die russische Armee gegen den Westen strategisch und taktisch ausgerichtet ist. Nun sieht Russland, das stark von Rohstoffexporten abhängt, die westlichen Sanktionen und Bemühungen, die Abhängigkeit von russischen Ressourcen zu verringern, als strategische Herausforderung. Der Westen verfügt über weitaus größere wirtschaftliche Ressourcen als Russland. Eine langfristige Konfrontation ist für Russland nicht aufrecht zu erhalten, da es sich wirtschaftlich genauso erschöpfen könnte, wie es der Sowjetunion während des Kalten Krieges erging. Ein Weichklopfen darf Europa nicht über sich ergehen lassen.

Obwohl Russland kurzfristig Wege gefunden hat, die Sanktionen teilweise zu umgehen, könnte eine langfristige wirtschaftliche Konfrontation mit dem wirtschaftlich stärkeren Westen tatsächlich zu einer Erschöpfung der russischen Ressourcen führen, ähnlich wie es der Sowjetunion während des Kalten Krieges erging. Die Fähigkeit Russlands, sich langfristig anzupassen und seine Wirtschaft zu diversifizieren, wird entscheidend sein für seine zukünftige wirtschaftliche Stabilität und geopolitische Position.

Während der Kreml geopolitische Konfrontationen sucht, bleiben dringende interne Probleme wie Korruption, demografischer Wandel und wirtschaftliche Diversifizierung in Russland ungelöst. Der Westen kann sich effektiv wehren, indem er diese Schwachstellen nutzt, seine eigene Widerstandsfähigkeit stärkt und gleichzeitig klare Alternativen zu russischem Einfluss bietet. Eine Kombination aus wirtschaftlichem Druck, militärischer Stärke, diplomatischer Isolation und technologischer Überlegenheit wird entscheidend sein, um Russland in Schach zu halten und die eigene Sicherheit sowie Stabilität zu gewährleisten.

Die Devise, nicht nachzugeben, ist nur dann effektiv, wenn sie mit präziser Kalkulation und strategischer Weitsicht umgesetzt wird. Härte allein reicht nicht aus; es bedarf einer Mischung aus Standhaftigkeit, gezielten Aktionen und der Fähigkeit, langfristig durchzuhalten. Entscheidend ist, dass der Westen vereint bleibt und eine klare Botschaft sendet. Aggression darf nicht belohnt werden, sondern muss auf schwerwiegende und nachhaltige Konsequenzen stossen.

Der Umgang mit den USA wiederum, die oft primär ihre eigenen Interessen verfolgen, erfordert eine ebensolche kluge und ausgewogene Strategie, um westliche Geschlossenheit zu wahren und gleichzeitig nationale oder europäische Interessen zu schützen. Ziel ist es, die Beziehungen zu pflegen, ohne sich von kurzfristigen oder einseitigen US-Entscheidungen dominieren zu lassen. Die USA sind zwar ein unverzichtbarer Partner Europas, aber ihre eigennützige Politik erfordert kluge Gegentaktiken. Durch die Kombination aus Eigenständigkeit und strategischer Partnerschaft kann Europa sicherstellen, dass es in der transatlantischen Beziehung nicht nur reagiert, sondern aktiv gestaltet.

Die europäischen Staaten müssen ihre militärischen Bestände aufstocken, etwa bei Luftabwehrsystemen, moderner Artillerie und Cyberabwehrkapazitäten. Besonders Ost- und Mitteleuropa benötigen stärkere Verteidigungsanlagen. Die finanziellen und politischen Hürden, die in der Realität existieren, machen eine Vorstellung europäischer Uneinigkeit leider zu einem echten Albtraum für alle Beteiligten. Die Realität der militärischen Aufstockung in Europa ist alles andere als ein einfacher Wunschtraum, und die politischen und finanziellen Hürden sind enorm. Es ist nicht schwer, sich vorzustellen, wie aus der Idee einer verstärkten europäischen Verteidigungsfähigkeit schnell ein logistischer Albtraum wird, wenn sich die einzelnen Units nicht auf gemeinsame Prioritäten einigen können. Die Aufstockung von Luftabwehrsystemen, Artillerie und Cyberabwehr erfordert immense Investitionen, und nicht alle EU-Staaten haben die Ressourcen, um solch teure militärische Projekte zu realisieren. Besonders in Zeiten, in denen auch andere drängende Themen wie die Bekämpfung der Klimakrise auf der Tagesordnung stehen, könnte die Umverteilung von Mitteln zugunsten der Verteidigungspolitik auf Widerstand stoßen.

Die Uneinigkeit in dieser Frage lähmt die europäische Sicherheitsstrategie. Eine effiziente militärische Aufstockung muss vor allem auf einer übergeordneten Zusammenarbeit beruhen. Eine koordinierte europäische Antwort auf Verteidigungsfragen setzt voraus, dass alle Mitglieder in die gleiche Richtung gehen, was in der Praxis nicht so einfach zu erreichen ist. Ein Gegenwind der Verunsicherung könnte die EU nicht nur politisch schwächen, sondern auch ihre Glaubwürdigkeit als globaler Akteur in Fragen der Sicherheit und Stabilität beeinträchtigen. Die Vorstellung einer vereinten europäischen Verteidigungspolitik bleibt daher ein schwieriges Unterfangen, das in der Realität viele Stolpersteine überwinden muss, von denen einige noch immer fest im politischen Rahmen der Nationalitäten verankert sind.

Während die Bedrohungen um Europa herum immer größer werden, erscheint die Lösung eher wie ein schlecht vorbereiteter Flashmob. Alle wissen, dass es wichtig ist, aber keiner weiß, wer die Choreografie wirklich beherrscht. Wenn es ein Thema gibt, das jede Sitzung dieser Art spaltet, dann ist es die Frage der gerechten Aufteilung der finanziellen Lasten. Hier wird der wahre Albtraum der europäischen Verteidigung sichtbar. Wer übernimmt den Großteil der Kosten, wenn ein einziger Raketenschild locker den gesamten Haushalt eines kleineren EU-Staates sprengen könnte? Wieder ein Hinweis darauf, dass Europa nicht aus Einzelnationen, sondern aus Großregionen sich zusammensetzen sollte. Wer trägt das Risiko, dass ein instabiles System am Ende die gesamte Verteidigungsstrategie ins Wanken bringt?

Die politische Uneinigkeit ist nicht der einzige Widerspruch, der hier sichtbar wird. Vielmehr ist es die Frage, wie Sicherheit heute überhaupt definiert wird. Wird sie noch in Begriffen von Luftabwehr und Waffen erfasst oder hat sie sich schon längst in eine abstrakte Diskussion über die Narrative der Sicherheit verwandelt? Europa schafft sich hier die eigenen Fake Waffen, eine glänzende Rüstung, die in der Theorie eindrucksvoll aussieht, aber in der Praxis in die falsche Richtung zeigt. Es geht nicht mehr um echte militärische Kraft, sondern um die Auseinandersetzung des richtigen Einsatzes vom Marketing der Stärke.

Die Förderung von Innovationen in Schlüsselindustrien wie künstlicher Intelligenz, Halbleitern und Kommunikationstechnologien ist ein weiterer zentraler Baustein. In einer Welt, in der technologische Überlegenheit zunehmend die Grundlage wirtschaftlicher und geopolitischer Macht darstellt, ist es für Europa unerlässlich, technologische Abhängigkeiten massiv einzuschränken. Der Mangel an eigener Halbleiterproduktion, die Abhängigkeit von US-amerikanischen oder chinesischen Technologiekonzernen sowie der langsame Ausbau von Zukunftstechnologien wie 5G und künstlicher Intelligenz zeigen die Schwächen auf.

Die Politischen Parteien als auch die Nationalismen bilden einen gravierenden Hemmschuh in dieser Entwicklung.

Die Diskussion in den europäischen Nationalstaaten gleicht oft einem ambitionierten Bauprojekt, bei dem jeder Beteiligte einen eigenen Bauplan in der Tasche hat und am Ende steht man mit einem Haufen Ziegelsteinen, aber ohne Haus da. Während man sich in Brüssel noch einig ist, dass Europa unabhängiger werden muss, gibt es spätestens beim Abendessen in Paris, Berlin oder Warschau Streit darüber, wer den Hammer hält und wer nur zuschauen darf. Am Ende beschließt man dann, einfach ein weiteres Gremium einzurichten, als ob ein Ausschuss schon jemals eine Innovation gebracht hätte.

Europa möchte bei künstlicher Intelligenz und Halbleitern ganz vorne mitspielen, doch die Realität sieht aus wie ein 90er-Jahre-Computer mit langsamem und ständig abstürzendem Modem. Während die USA und China mit Raketenantrieb in die technologische Zukunft rasen, sitzt

Europa in einer alten Kiste, die leider keine Ersatzteile mehr hat. Statt Lösungen zu finden, wird erst einmal diskutiert, wie man an die Problematik herangehen sollte, bevor man sie entwickelt. Es ist dies der einzigartige Ansatz, der sicherstellt, dass die europäischen Staaten die Diskussion im Griff haben, sobald sie die technischen Innovationen anderer einkaufen. Der Ruf nach gemeinsamer Stärke endet meist in einem höflichen Kopfschütteln und der Forderung nach nationalen Besonderheiten. Am Ende spielt die EU wie ein Orchester, in dem jeder sein eigenes Lied spielt. Alle träumen davon, unabhängig zu sein, nur nicht voneinander. Wenn strategische Autonomie so aussieht, dann steht Europa immerhin die Unabhängigkeit von Effizienz und Geschwindigkeit zu. Die europäische Sandburg sollte nur nicht zu nah am Wasser gebaut werden, sonst würden sie schnell die Wellen der Realität einholen.

Die Trump-Administration war in vielerlei Hinsicht wie ein ungewollter Weckruf für Europa. Plötzlich lag man nicht mehr gemütlich unter der sicherheitspolitischen Decke der

USA, sondern stand mitten in einem politischen Sturm und musste sich fragen, ob diese Decke überhaupt noch da ist oder ob man sie sich teilen muss, während der andere schon den Thermostat kontrolliert. Die „America First"-Politik hat Europa vor Augen geführt, dass die transatlantischen Beziehungen keine Einbahnstraße sind und dass Abhängigkeiten, ob militärischer, wirtschaftlicher oder technologischer Natur, potenziell gefährlich werden.

Der Krieg in der Ukraine hat die geopolitische Landschaft Europas drastisch verändert und die Gefahren strategischer Abhängigkeiten mit schmerzhafter Klarheit offengelegt. Jahrzehntelang hatte Europa auf eine Friedensordnung gesetzt, die durch wirtschaftliche Verflechtung und multilaterale Kooperation gesichert schien. Doch die Realität des Krieges hat gezeigt, wie zerbrechlich diese Ordnung ist, wenn geopolitische Interessen und Machtspiele dominieren. Europa fand sich in einer Situation wieder, in der Energiesicherheit und außenpolitische Handlungsfähigkeit miteinander kollidierten.

Auch die Abhängigkeit von China in sensiblen Bereichen wie Halbleitern, Infrastruktur und Schlüsseltechnologien hat zu wachsender Besorgnis geführt. Diese Abhängigkeiten gefährden die strategische Autonomie Europas und verdeutlichen, wie wichtig es ist, in diesen Sektoren eigene Kapazitäten aufzubauen. Ist Europa von der Stätte der Ideen zu der von Abhängigkeiten übergewechselt? Während es sich gerne damit rühmt, Demokratie, Aufklärung und die besten Baguettes erfunden haben, ist das strategische Mantra des beginnenden 21. Jahrhunderts „Warum selber machen, wenn China es für uns tun kann?"

Während China in Lichtgeschwindigkeit in den Bereichen KI, grüne Energie und Quantencomputing Fortschritte macht, sitzen die europäischen Nationalstaaten wie pensionierte Archivare in einer Bibliothek und diskutieren, ob künstliche Intelligenz überhaupt Vorteile einfährt. Währenddessen hat China längst eine KI entwickelt, die schneller denkt als die gesamten EU-Staaten und dabei vermutlich noch besser tanzen kann. Aber nein, die Nationalisten in Ungarn, in der

Slowakei oder in Österreich wollen sich allzu gerne den Anordnungen der Großen auf der Welt unterwerfen, weil sie lieber selbst national klein bleiben wollen.

Ein besonders augenfälliges Beispiel ist die Rolle chinesischer Anbieter wie Huawei beim Ausbau der europäischen 5G-Netze. Die Befürchtung, dass solche Technologien für Spionage oder geopolitische Einflussnahme genutzt werden könnten, hat bereits zu Einschränkungen und strengeren Regulierungen in Teilgebieten Europas geführt. Dennoch bleibt die Abhängigkeit von chinesischen Technologien in der Telekommunikation eine Schwachstelle. Chinas Dominanz in Bereichen wie künstlicher Intelligenz, Quantencomputing und grünen Technologien stellt Europa vor die Herausforderung, konkurrenzfähig zu bleiben. Während Europa auf Partnerschaften und Handel setzt, hat China einen klaren technologischen Vorsprung in bestimmten Bereichen bereits aufgebaut.

Dann wären da noch die kritischen Infrastrukturen. Chinesische Unternehmen besitzen mittlerweile ganze Häfen in Europa wie Rotterdam, Piräus, Antwerpen. Dafür gibt es die chinesischen Anbieter, die Europas Netzwerke zuverlässig aufrüsten, denn die Preise sind für das kleinkarrierte Denken einfach unschlagbar! Wer würde sich schon über ein bisschen Datenverlust ärgern, wenn die Verbindung dafür einmal abgekauft ist? Es ist also eine unverzichtbare Aufgabe Europas, seine Schlüsselindustrien insbesondere in Sektoren wie erneuerbare Energien, digitale Infrastruktur und kritische Rohstoffe zu schützen.

Die derzeitige Abhängigkeit von fossilen Brennstoffen, insbesondere aus politisch und wirtschaftlich instabilen Regionen, gefährdet sowohl die energetische als auch die geopolitische Sicherheit des Kontinents und widerspricht dem Ziel einer nachhaltigen und unabhängigen Zukunft. Für erneuerbare Technologien werden kritische Rohstoffe wie Lithium und Seltene Erden benötigt, die derzeit oft aus anderen Regionen importiert werden. Regionen, die stark von fossilen Energien abhängig sind, benötigen gezielte Unterstützung für einen gerechten Übergang. Investitionen in Forschung und Entwicklung, in Wasserstofftechnologie und Energiespeicherung sind essenziell. Rohstoffe für erneuerbare Technologien müssen effizienter genutzt, recycelt und durch nachhaltige Alternativen ersetzt werden. Kooperationen mit stabilen Partnerländern zur Beschaffung von Rohstoffen und Energie werden die Abhängigkeiten reduzieren und nachhaltige Lieferketten aufbauen.

Neben Wasserstofftechnologien sollten auch andere innovative Ansätze wie die Entwicklung von Energiespeichersystemen und smarten Netzen in den Fokus rücken. Diese Technologien sind entscheidend, um die Energieversorgung zu stabilisieren und die Integration erneuerbarer Energien zu erleichtern. Der Aufbau von Partnerschaften mit Ländern, die über reichhaltige Ressourcen für erneuerbare Technologien verfügen, sollte auch unter Berücksichtigung von Umweltstandards und sozialen Aspekten erfolgen. Transparenz und Fairnessin den

Handelspraktiken können hier ausgespielt werden.

Die Bevölkerung sollte über die Vorteile der Energiewende informiert sein, um Akzeptanz für neue Projekte aufzubauen. Eine gediegene Öffentlichkeitsarbeit mit gut organisierten Beteiligungsprozessen kann helfen, Bedenken auszuräumen und das Engagement der Gemeinschaft zu fördern. Dazu braucht es den rechtlichen und politischen Rahmen, um die Investitionen in erneuerbare Energien zu sichern. Es wird ohne klare Ziele zur Reduktion von Treibhausgasemissionen und verbindlichen Vorgaben zur Nutzung erneuerbarer Energien nicht gehen. Der Austausch von Wissen und Technologien auf internationaler Ebene sollte die Transformation beschleunigen. Kooperationen zwischen Ländern, die bereits fortgeschrittene Technologien entwickelt haben und solchen, die sich im Übergang befinden, sind von großem Nutzen.

Ob in der Wirtschaft, der Technologie, der Gesellschaft oder der Umwelt, Transformation ist nicht nur ein Schlagwort, sondern eine Notwendigkeit. Unternehmen, Institutionen und Individuen, die nicht bereit sind, sich anzupassen und zu transformieren, riskieren, den Anschluss zu verlieren und in einem Zustand des dahindämmernden Rückschritts zu verharren. Das magische Wort, das heutzutage in jeder Besprechung, in jedem Geschäftsbericht und auf jeder Konferenz wie ein leuchtendes Banner schwebt, bedeutete früher vielleicht noch, den eigenen Arbeitsstil zu überdenken oder das tägliche Mittagessen zu variieren. Transformation ist heute ein Begriff, der direkt mit Überleben und Wachstum verknüpft ist, fast so, als würde man sich freiwillig in eine riesige, digitalisierte Dampfwalze werfen, um als schillerndes, zukunftsfähiges Projekt wieder herauszukommen. Wer nicht transformiert, wird von der rasanten Geschwindigkeit der Weltwirtschaft und Weltpolitik überrollt. Doch wie transformiert man sich richtig?

Die Transformation ist mehr als nur ein einmaliger Schritt, sie ist ein kontinuierlicher Prozess. Bevor man mit der

Transformation beginnt, ist es entscheidend, die klaren Visionen und langfristigen Ziele zu definieren. Ohne eine solche präzise Richtungsangabe kann Transformation zu einer reinen Reaktion auf äußere Faktoren werden, was in Inkohärenz und Verwirrung mündet. Die geopolitischen Landschaften verändern sich in einem nie dagewesenen Tempo, getrieben durch neue Akteure, technologische Entwicklungen und dringende globale Herausforderungen. Länder und internationale Bündnisse müssen sich kontinuierlich anpassen, um auf diese Veränderungen adäquat zu reagieren und nicht ins Hintertreffen zu geraten.

Die Soft Power im Einfluss durch Kultur, Medien, Bildung und Werte darf dabei nicht unterschätzt werden. Gerade westliche Demokratien haben hier einen Vorteil, weil sie nicht nur über wirtschaftliche und technologische Macht verfügen, sondern auch über attraktive gesellschaftliche Modelle, die viele Menschen weltweit ansprechen. Eine intensive Zusammenarbeit über Ländergrenzen ja über Kontinente hinaus, Anpassungsfähigkeit und ein klarer Wille zur Transformation sind entscheidend, um eine stabile und nachhaltige Weltordnung zu gewährleisten.

Anpassungsfähigkeit bedeutet, dass die eigene Soft Power immer wieder hinterfragt und weiterentwickelt wird. Kulturelle Arroganz kann kontraproduktiv sein; stattdessen sollte auf Dialog und Kooperation gesetzt werden. Soft Power ist nicht nur ein Werkzeug zur Einflussnahme, sondern auch eine Möglichkeit, globale Partnerschaften zu stärken. Der Westen muss sich als Vorbild präsentieren, ohne andere Kulturen zu dominieren. Es geht um eine Mischung aus Überzeugung, Kooperation und kluger Strategie.

Wer jetzt nicht mitmacht, der wird zu einem exotischen Relikt, das bei internationalen Konferenzen über den Zustand der Weltwirtschaft als interessante Fußnote erwähnt wird. Wer sich entschließt, weiterhin mit Papierfliegern gegen den Wind der Globalisierung zu kämpfen, wird irgendwann auf dem geopolitischen Parkplatz stranden. Bei manchen Politikern sticht nur mehr eine Konstante hervor, nämlich die Fähigkeit, jede noch so absurde Situation als strategischen Schachzug zu verkaufen. Wenn das Schiff der internationalen Politik dann in den Strudel gerät, wollen andere das Steuer übernehmen, natürlich mit einem breiten Lächeln, das von „weiß ich noch nicht, was passiert" bis „wir haben alles im Griff" reicht. Viele Politiker scheinen eine geheime Ausbildung in der Kunst des Schachspiels durchlaufen haben. Denn nichts anderes erklärt, wie sie es schaffen, selbst die groteskesten Wendungen der Weltgeschichte als Teil eines grandiosen Plans zu inszenieren.

Freiheit und Sicherheit als die Basis für Wohlstand und Well-being können sich nicht auf beengte Rahmenbedingungen beschränken. Verteidigung funktioniert nicht ohne Investitionen, genauso wenig wie Forschung. Sie leben also auch von wirtschatlichen und damit von sozialen Regeln. Das ist der Grund, warum Europa ein gemeinsames Politik-Management braucht, losgelöst von Nationalismen und polarisierendem

Parteidenken. Es braucht neue geographische Strukturen und institutionelle Richtlinien zur Optimierung von Effizienz und Akzeptanz.

Der Hinweis auf die Bedeutung von wirtschaftlichen und sozialen Regeln unterstreicht, dass diese Investitionen in einen Kontext eingebettet sein müssen, der sowohl fair als auch effektiv ist. Eine starke Wirtschaft basiert auf gerechten Rahmenbedingungen und einem System von Regeln, die es ermöglichen, dass individuelle und kollektive Interessen miteinander in Einklang gebracht werden. Solche Regeln fördern Innovation, schützen Rechte und stellen sicher, dass Wohlstand nicht nur bei wenigen, sondern in der gesamten europäischen Gesellschaft ankommt.

Wenn Europa es versäumt, sich auf ein gemeinsames, zukunftsfähiges Politik-Management zu einigen, dann stehen zweifellos unsichere Zeiten bevor. Man stelle sich eine Zukunft vor, in der jedes Mitgliedsland der EU eigenständig auftritt, als wäre Europa eine Ansammlung von auf einem Marktplatz raufenden Händlern ohne gemeinsames Ziel, ohne Zusammenarbeit, stattdessen ein bunter Haufen von widersprüchlichen Interessen, der so gut zusammenpasst wie ein Bergsteiger, der im Alpinen Skianzug eine Radtour macht. Der gesamte Kontinent würde vermutlich die Modernisierung seiner Infrastruktur auf den Stand der 90er Jahre zurück verschieben und jedes Land würde seine eigenen Bürokraten trainieren, die mit einer geballten Ladung Bürokratie die Konkurrenz niederringen.

Jede einzelne Provinz lebt dann in Europa in einer eigenen Parallelwelt, während China längst den Mond kolonisiert und Amerika mit neuen interplanetaren Allianzen beschäftigt ist. Die Krönung der ganzen Farce sind Wahlkämpfe, die sich in absurdesten Verschwörungstheorien übertrumpfen. Am Ende der Komödie würde man feststellen, dass jede einzelne Provinz mit ihren eigenen Regeln und Vorschriften nicht nur ihre eigenen Interessen verfolgt, sondern auch, ganz nebenbei, die gemeinsame europäische Idee erfolgreich ad absurdum geführt hat.

10. WAS EUROPA BRAUCHT

Europa braucht seine Erfolgs-Achsen, um die sich alles dreht. Es braucht Unities mit starker Mentalität, so ähnlich wie es Ballspiel-Mannschaften vorführen. Um diese Achsen muss sich Europa intern auch kümmern. Jede einzelne Entität hat ihre Pflichten. Der europäische Kader wird im Idealfall mit einem gediegenen politischen Management nach vorne getragen werden. In jedem Team gibt es Schlüsselspieler, die für den Erfolg entscheidend sind. Diese metaphorischen Achsen könnten verschiedene politische, wirtschaftliche und gesellschaftliche Bereiche darstellen, die besonders wichtig für das Zusammenspiel innerhalb der EU sind.

Europa muss als Mannschaft und Heimat von bald 800 Millionen Einwohnern auf allen Ebenen eng zusammenarbeiten, um eine stabile geopolitische Position einzunehmen und seine wirtschaftliche Stärke zu wahren.

Die Europäische Union muss ein effektives System finden, um Krisen zu managen, sich an globale Entwicklungen anzupassen und gleichzeitig die Vielfalt ihrer Regionen zu respektieren. Diese Achse dreht sich um die Sicherstellung, dass alle Bürger Europas von der Zusammenarbeit profitieren, sowohl durch den Zugang zu Wohlstand als auch durch den Schutz ihrer sozialen Rechte. Europa müsste eine Politik verfolgen, die Ungleichheiten abbaut und die sozialen Netze stärkt.

Dies bedeutet im Grunde, dass Europa sich nicht so sehr von anderen abhängig machen darf. Das heisst, dass man tatsächlich Geld in die Hand nimmt, nationale Egoismen überwindet und endlich anfängt, Dinge selbst zu produzieren. Der Aufbau eigener Verteidigungs- und Technologiekompetenzen erfordert massive Investitionen, die noch nicht alle Mitglieder bereit oder in der Lage sind zu leisten. Ein Grund mehr, das Gewicht auf Grossregionen zu verlagern.

Eine autonome EU muss in der Lage sein, ihre eigenen Interessen auf der Weltbühne zu vertreten und unabhängiger auf Krisen zu reagieren. Sie könnte ein Gegengewicht zu den Großmächten USA, China und Russland bilden. Investitionen in Schlüsselindustrien, erneuerbare Energien, KI, digitale Technologien, Pharma, Weltraumtechnologien sollten sie wirtschaftlich und technologisch unabhängiger machen. Der Schutz kritischer Infrastrukturen und Unternehmen wird die europäische Wettbewerbsfähigkeit stärken. Er ist ein wesentlicher Aspekt der strategischen Autonomie.

In einer zunehmend vernetzten Welt sind Cyberangriffe und wirtschaftliche Spionage ernsthafte Bedrohungen für die Sicherheit jeder einzelnen Unit. Durch verstärkte Investitionen in Cybersicherheit und den Schutz sensibler Daten kann die EU die Stabilität ihrer Wirtschaft gewährleisten und gleichzeitig das Vertrauen der Bürger in digitale Technologien stärken. Nur durch einen gemeinsamen Ansatz können die Herausforderungen, die sich aus globalen Krisen ergeben, effektiv bewältigt werden. Dies erfordert eine enge Gemeinsamkeit in Bereichen wie Verteidigung, Energieversorgung und Digitalisierung. Die Schaffung eines europäischen Krisenmanagementsystems ist das Rezept, die Reaktionsfähigkeit der EU in Notfällen erheblich zu verbessern.

Der Erfolg eines gemeinsamen europäischen Krisenmanagementsystems hängt maßgeblich davon ab, wie stabil und belastbar der politische, wirtschaftliche und finanzielle Überbau der EU ist. Diese Dimensionen müssen nicht nur in der Theorie miteinander harmonieren, sondern auch praktisch so miteinander verflochten werden, dass sie Krisen in realer Zeit effizient und nachhaltig bewältigen können. Europa, das große, gemeinsame Spiel seiner Entitäten besteht noch aus einem Team, das sich auf einer komplizierten, wackeligen Plattform aus Bürokratie balanciert. Hier wird allerdings nicht mit dem Fußball gespielt, sondern mit Verträgen, Verordnungen und den besten Absichten, die in Ministerialbüros in Brüssel formuliert wurden und dann nach zwei Jahren in einem verschlossenen Schrank eingemottet werden, bis sie beim nächsten EU-Gipfel wieder hervorgeholt werden. Europa braucht Achsen, bedeutet nicht solche, die auf der einen Seite das schwere Fahrzeug in Schwung halten und irgendwo dazwischen die zentrale Achse eines leichten Fahrrads. Mitglieder, die jeweils ihren eigenen, sehr exklusiven Vertrag haben, werden das Gefüge sehr bald zerstören. Der sozial-gesellschaftliche Kitt darf nicht einem Kleber ähneln, der überall hinkommt, nur nicht an die Stellen, an denen er gebraucht wird.

Ein integraler Bestandteil eines solchen Systems ist die politische Kohärenz und Handlungsfähigkeit. Die Europäische Union ist bereits ein Bündnis unterschiedlichster politischer Systeme und Interessen. Für ein erfolgreiches Krisenmanagement muss jedoch gewährleistet sein, dass politische Differenzen innerhalb der Union nicht zu Blockaden führen. Ein gemeinsamer politischer Wille zur Zusammenarbeit, unabhängig von partikulären Interessen, ist unerlässlich. Hier spielt die Frage der institutionellen Reformen eine Rolle. Wären bestehende Entscheidungsprozesse, etwa im Europäischen Rat oder in der Kommission in der Lage, schnelle und entschlossene Maßnahmen während einer Krise zu ergreifen? Oder müssten nicht neue Mechanismen zur Krisenbewältigung geschaffen werden?

Das neue Europa wird nicht mit einem Schlag entstehen. Es ist ein länger andauernder Prozess, doch die Chance wird geboten, unerwartet schnell zukunftsweisende Umbrüche vorzubereiten. Europa der Zukunft als eine Vision, wird nicht durch einen abrupten Umbruch manifestiert, sondern vielmehr in einem fortlaufenden Prozess, der sich stetig entfaltet. Es ist eine Entwicklung, die Zeit braucht, aber zugleich in der Lage ist, in unerwartet kurzer Zeit zukunftsweisende Veränderungen herbeizuführen. Die globalen Krisen und die daraus resultierenden Herausforderungen, von geopolitischen Spannungen bis zu wirtschaftlichen und technologischen Umwälzungen, bieten die Gelegenheit, einen langfristigen Wandel einzuleiten.

Doch dieser Wandel wird nicht aus einem einzigen Moment der Entscheidung hervorgehen, sondern aus einer Reihe von kleinen, aber bedeutenden Schritten, die im Laufe der Zeit eine immer größere Wirkung entfalten.

Der Schlüssel zu diesem Prozess liegt in der Fähigkeit, Perspektiven zu erweitern und Zusammenhänge zu erkennen, die bisher vielleicht übersehen wurden. Es geht darum, in den Krisen Chancen zu sehen, in den Herausforderungen das Potenzial für eine stärkere Zusammenarbeit und ein nachhaltigeres Wachstum zu entdecken. Europa kann als eine flexible, anpassungsfähige Einheit voranschreiten, die in der Lage ist, die Bedürfnisse und Wünsche all seiner Bürger zu integrieren und gleichzeitig als globaler Akteur Verantwortung zu übernehmen.

Dieser Wandel braucht jedoch nicht nur die politische Entschlossenheit und den Mut der Führungspersönlichkeiten, sondern auch das Vertrauen und die Beteiligung seiner Völker. Es ist eine Aufgabe, die alle Europäer über nationale Grenzen und Differenzen hinweg mit einbeziehen muss. Der Weg zum neuen Europa wird nicht einfach sein. Doch der Prozess hat begonnen, und der Zeitrahmen für tiefgreifende, zukunftsweisende Veränderungen könnte sich schneller abzeichnen, als wir es erwarten, wenn alle gemeinsam den Kurs weise und entschlossen mit verantworten.

11. VON DER BEDEUTUNG NEUER ALLIANZEN

Langfristig wird die strategische Autonomie Europas davon abhängen, wie erfolgreich die EU eine gemeinsame Vision der Solidarität zwischen ihren Mitgliedern entwickeln kann. Sie muss den Spagat zwischen Zusammenarbeit mit anderen Partnern und der Wahrung ihrer großen gemeinsamen Souveränität meistern. Das Schaffen neuer starker Allianzen ist entscheidend, um Europas geopolitischen Einfluss zu stärken, strategische Abhängigkeiten zu verringern und auf globale Herausforderungen wie Sicherheit, Handel und Klimawandel effektiver reagieren zu können. Und hier kommt der entscheidende Punkt. Bevor Europa sich wirklich als unabhängiger Akteur etablieren kann, muss es sich intern vollständig einigen. Diese Einigung ist der Grundstein für jede erfolgreiche Außenpolitik und jedes strategische Bündnis, das Europa eingehen möchte. Denn solange die Mitgliedstaaten unterschiedliche Prioritäten verfolgen oder einander durch nationale Eigeninteressen blockieren, wird die EU Schwierigkeiten haben, in globalen Verhandlungen das Gewicht und die Autorität aufzubringen, die ihr eigentlich zustehen. Wehe, wenn es am Ende der Veranstaltung noch eine Runde "Geopolitisches Monopoly" gibt. Wer am Ende die meisten Vetokarten gesammelt hat, darf sich Verteidiger der nationalen Dummheit nennen und erhält eine goldene Statue des Einstimmigkeitsprinzips.

Die EU muss ihre interne Struktur so stärken, dass sie nicht nur als Wirtschafts- und Handelsunion, sondern auch als handlungsfähiges geopolitisches Kollektiv auftreten kann. Nur wenn die Mitgliedstaaten eine gemeinsame Vision entwickeln und bereit sind, ihre Differenzen zugunsten einer starken, einheitlichen Außenpolitik zu überwinden, wird Europa den geopolitischen Herausforderungen mit der nötigen Kohärenz begegnen können. Ohne diese interne Stärke und Kohärenz wird die EU in einer Welt, die von stark integrierten und klar ausgerichteten globalen Akteuren geprägt ist, ins Hintertreffen geraten.

Eine neue Allianz sollte über die traditionellen Partnerschaften hinausgehen und gezielt aufstrebende Mächte, regionale Akteure und wirtschaftlich dynamische Länder mit einbeziehen. Europa hat das Potenzial, Oberwasser zu gewinnen, indem es eine strategische, wirtschaftliche und diplomatische Führungsrolle übernimmt. Dies erfordert jedoch entschlossenes Handeln, interne Geschlossenheit und eine klare Vision für die globale Zukunft. Während die USA mit internen Herausforderungen kämpfen, kann Europa durch kluge Politik nicht nur die entstandenen Lücken füllen, sondern langfristig eine stabile Position in der Weltordnung einnehmen. Das strategische Schachspiel zwischen den Großmächten ist ein oft nervenaufreibendes Schauspiel, bei dem die politischen und wirtschaftlichen Entscheidungen wie Schachzüge auf einem gigantischen Brett wirken. Jeder Zug muss genau abgewogen werden, und jedes Risiko hat potenziell weltweite Konsequenzen.

Wenn man sich die geopolitische Beziehung zwischen Europa und den USA anschaut, könnte man fast glauben, dass es sich um ein fortwährendes Verteidigungs-Pingpong-Spiel handelt - die USA schlagen mit „Wir übernehmen das" und Europa antwortet mit „Danke, aber wir können es auch selbst!". Doch wenn es ums Bezahlen geht, sieht es plötzlich ganz anders aus. Die USA sind im globalen Verteidigungsspiel wie der bekannte Superheld, der alles mit einem einzigen Schlag aus der Bahn wirft, aber leider immer auch darauf besteht, dass er dafür bezahlt wird. In den letzten Jahrzehnten hat sich das Land zu einem der Hauptstützen der westlichen Verteidigungspolitik entwickelt. Mit ihrer militärischen Macht und ihren riesigen Verteidigungsausgaben haben sie nicht nur die NATO aufrechterhalten, sondern auch das Gefühl erzeugt, dass Europa ohne das amerikanische Rückgrat schlichtweg verloren wäre. Die Präsenz von US-Truppen auf dem europäischen Kontinent, sei es in Deutschland oder in Polen, sorgte für eine gewisse Sicherheit, die sich nicht nur in militärischen, sondern auch in politischen Begriffen manifestierte.

Aber die Rechnung kommt schneller als man denkt. Immer wieder fordert Washington von seinen europäischen Verbündeten, dass sie ihre Verteidigungsausgaben aufstocken, um die Last nicht alleine zu tragen. Warum sollte Amerika Milliarden in die europäische Sicherheit investieren, wenn die Europäer selbst nicht genug für ihre Verteidigung tun? So fordern die USA von Europa nichts weniger als einen militärischen Weckruf, bei dem die europäischen Staaten endlich die Verantwortung übernehmen müssen und zwar mit echtem Geld. Es ist die alte amerikanische Forderung: Sicherheitsgarantien sind nicht kostenlos. Das war nicht einmal so, einst beim hoch gerühmten „Marhall-Plan".

Europa hat diese Forderungen gehört und es ist nicht so, als würde es die Idee nicht unterstützen, mehr Verantwortung für die eigene Verteidigung zu übernehmen. Doch hier kommt das eigentliche Dilemma. Während die USA in

Sachen Verteidigungsausgaben keine Mühen scheuen und ihren militärischen Einfluss global ausweiten, sind die europäischen Staaten politisch und finanziell nicht so gut aufgestellt, um mit dieser hohen Belastung mithalten zu können. In der kleinkarrierten Aufsplittung in Nationalstaaten, deren Budgets ohnehin strapaziert sind, stellt sich die Frage, wer den sprunghaften Anstieg der Verteidigungsausgaben finanzieren sollte, ohne dass die öffentliche Meinung rebelliert.

Die USA, das selbsternannte Land der unbegrenzten Möglichkeiten, haben sich seit Jahrzehnten erfolgreich als globaler Sheriff positioniert. Mit rauem Charme, imposantem Waffenarsenal und einer gehörigen Portion Selbstbewusstsein standen sie wie der Revolverheld in einem alten Western da, bereit, die Welt zu retten, aber nicht, ohne vorher ein bisschen Staub aufzuwirbeln. Doch dieser Sheriff sieht sich inzwischen zunehmend mit der Frage konfrontiert, ob die Dienste des ewigen Ordnungshüters noch gewollt sind.

In der amerikanischen Selbstwahrnehmung war die Rolle klar. Die USA sahen sich als Garant für Freiheit, Demokratie und Sicherheit. Von der Durchsetzung ihrer Interessen im Nahen Osten bis zur Verteidigung ihrer Freunde in Europa ist alles durchdrungen von der Idee, dass sie es sind, die die Welt auf Kurs halten müssen. Doch was für die USA wie ein heldenhafter Einsatz aussieht, wirkt auf andere oft wie ein unerbetenes Eingreifen in Angelegenheiten, die besser lokal gelöst würden. Der Vorwurf, die USA agierten nicht aus rein altruistischen Motiven, sondern aus Eigeninteresse, ist alt, aber aktueller denn je. Ob es um militärische Interventionen, Wirtschaftssanktionen oder Handelsabkommen geht, der Sheriff steht unter Verdacht, nicht für Gerechtigkeit zu kämpfen, sondern für Macht und Einfluss. Und die Außenwelt fragt sich zunehmend: wer hat diesem Cowboy eigentlich die Lizenz erteilt?

Noch kritischer wird das Spannungsfeld, wenn es um geopolitische Konflikte geht. Von Afghanistan über den Irak bis hin zu Russland und China. Die USA erwarten von ihren

Partnern, dass sie mitziehen, wenn es hart auf hart kommt. Doch die Bereitschaft der Außenwelt, sich bedingungslos hinter Washington zu stellen, nimmt ab. Stattdessen werden die Stimmen lauter, die einen eigenständigeren Kurs fordern, besonders in Europa und Asien.

Das Spannungsfeld zwischen den USA und der Außenwelt ist symptomatisch für eine Welt im Umbruch. Die alten Machtstrukturen bröckeln, neue Akteure drängen auf die Bühne, und die Zeiten, in denen der Sheriff alleine den Takt vorgeben konnte, sind vorbei. Auch die USA müssen lernen, ihre Rolle in einer komplexen, vernetzten Welt neu zu definieren, nicht als Sheriff, der mit der Pistole wedelt, sondern als Partner, der auf Augenhöhe handelt. Ob das gelingt, bleibt abzuwarten. Der Sheriff mag noch immer beeindruckend auftreten, aber die Außenwelt hat längst gelernt, dass die größte Macht nicht in der Größe des Revolvers liegt, sondern in der Fähigkeit, zuzuhören und Abkommen zu schließen. Und darin, so scheint es, hat der Cowboy noch einiges zu lernen.

Wie manifestiert sich amerikanische Cowboy-Mentalität in der Politik eines US-Präsidenten Trump? Wenn die Fakten nicht passen, werden sie schlicht zu Fakes erklärt. Diese Mentalität manifestiert sich in der alternativen Realität, die D. Trump selbst kontrolliert. Wenn ihm eine Tatsache nicht in den Kram passt, wird sie kurzerhand als Fake News abgetan. Dabei ist diese Taktik eine Art politisches Manöver, das seine Anhänger in einem Zustand der Unsicherheit und Desinformation hält. Was auch immer nicht ins Narrativ passt, wird einfach umgedichtet, wie ein Cowboy, der die Herdentiere immer in die Richtung lenkt, die ihm am meisten zusagt. Diese Methode war so erfolgreich, dass sie fast ein Eigenleben entwickelt hat. Es scheint, als ob durch diese wiederholte Anwendung von Falschbehauptungen eine Art Schwammigkeit in die Wahrnehmung der Realität selbst eingezogen ist. Selbst die Realität wird in diesem System unsicher, weil die Grenze zwischen Tatsachen und Erzählung zunehmend verschwimmt. Fakten verlieren ihre Bedeutung, wenn sie ständig relativiert oder neu definiert werden. Das führt zu einer Situation, in der die Wahrheit nicht mehr auf objektiven Gegebenheiten basiert, sondern vielmehr auf der Macht, Geschichten zu erzählen, die den eigenen Interessen dienen. Und das hat die politische Landschaft in den USA und darüber hinaus tief beeinflusst. Vielleicht könnte man sagen, dass die Cowboy-Mentalität in der Trump-Ära nicht nur das Aufeinandertreffen mit Wahrheiten und Lügen beschreibt, sondern auch die Transformation der Politik in ein weitgehend narritives Spiel, bei dem die Wahl der Erzählung wichtiger ist als die Wahl der Fakten.

Egal, ob es um Steuerskandale, geheime Dokumente in der Badewanne oder unglückliche Telefonate geht, Trump stellt sicher, dass die Wahrheit niemals eine Chance hat. Ein weiterer Geniestreich ist seine Fähigkeit, seine besten Deals mit seinen „besten Leuten" zu machen, insbesondere, wenn diese zufällig auch Milliarden auf Offshore-Konten haben, russische Geschäftsleute, saudische Prinzen oder amerikanische CEOs mit Hang zu Steuerhinterziehung. Er sorgt dafür, dass Korruption wie Networking aussieht. Seine Taktik ist wie ein endloser Zaubertrick: während alle auf seine neuesten Twitter/X- Eskapaden schauen, verschwinden plötzlich öffentliche Gelder, Gesetze oder demokratische Prinzipien. Der Mann an der Spitze der USA ist der perfekte Magier der Korruption. Er nennt es Disruption.

Sein Ausspruch „Ich könnte auf der Fifth Avenue jemanden erschießen, und es würde mir nicht schaden" ist keine Übertreibung, sondern seine Handlungsüberzeugung. Die Methode ist, er umgibt sich mit so vielen Skandalen, dass keiner mehr Zeit hat, einen davon ernsthaft zu verfolgen. Wer braucht eine weiße Weste, wenn man einen goldenen Anzug tragen kann? Was soll's, wenn ein verurteilter Straftäter ins Weiße Haus kommen kann. Schließlich ist das nichts, was sich nicht mit ein bisschen „executive privilege" und einem neuen Slogan à la „make pardons great again" lösen ließe. Man stelle sich vor, wie die erste Amtshandlung darin besteht, eine präsidiale Amnestie für sich selbst zu unterzeichnen, ganz nach dem Motto: „Wenn ich es tue, ist es legal." Ein paar Tweets, ein paar persönliche Attacken gegen unliebsame Richter und schon werden sie entweder „überzeugt" oder durch treue Gefolgsleute ersetzt. Vielleicht nennt man das dann „Justizreform 2.0". Ob das System diese Belastungsprobe übersteht, bleibt abzuwarten. Sicher ist nur, die Schlagzeilen sind ein einziges Spektakel.

Das Kräftespiel der USA hat sich durch Trumps Einfluss fundamental verändert. Die politische Landschaft ist zersplittert, demokratische Institutionen stehen unter Druck und die internationale Position der USA ist geschwächt. Die langfristige Frage lautet, ob die USA in der Lage sein werden, aus dieser Phase gestärkt hervorzugehen oder ob diese Methoden bleibende Schäden hinterlassen. Wundert man sich überhaupt noch über Trumps Einfälle? Er erhebt Ansprüche auf Grönland, Kanada und vielleicht noch auf anderes mehr. Da kommt nicht einmal Mehr W. Putin mit. Diese als hegemonial empfundene Außenpolitik trifft auf eine tiefere Besorgnis in der Welt. Sie verweist auf Spannungen zwischen nationalistischer Rhetorik und den Grundsätzen des Völkerrechts, wie dem Selbstbestimmungsrecht und der territorialen Souveränität. „Trump Arctic - die heißeste Adresse im ewigen Eis!" Dass die Grönländer dazu Nein gesagt haben, dürfte ihn kaum stören. Schließlich ist Diplomatie für ihn ja nichts anderes als ein besonders hartnäckiger Immobilien-Deal. Dazu noch Kanada, warum eben nicht gleich den ganzen Norden?

Europa ist nun gefordert, seine eigene strategische Autonomie zu stärken und dabei nicht nur auf die Zusammenarbeit mit den USA, sondern auf neue Allianzen und eine nachhaltige interne Sicherheitsarchitektur zu setzen. Nur durch eine solche interne Einigung und eine klare gemeinsame Vision kann Europa seine geopolitische Rolle in einer zunehmend multipolaren Welt sichern. Europa braucht den Mut, neue globale politische Allianzen zu schaffen. Ein solches Vorhaben würde große Herausforderungen mit sich bringen, so die Notwendigkeit, ein ausgewogenes Verhältnis zu den USA zu wahren, mit Russland und China pragmatische Dialoge zu führen und die eigenen Werte in Bezug auf Demokratie und Menschenrechte zu verteidigen. Es wird entscheidend sein, wie flexibel und proaktiv Europa sein kann, um echte, nachhaltige Allianzen mit anderen globalen Akteuren zu bilden. Diese sollten den Weg für den echten Wandel ebnen.

Für Europa ist dies besonders auf den Gebieten der militärischen Sicherheit, der Zusammenarbeit in Forschung und der Wirtschaft von zentraler Bedeutung. Eine größere Eigenständigkeit Europas in der Verteidigung ist ein wiederkehrendes Thema, insbesondere vor dem Hintergrund geopolitischer Spannungen und der Frage, wie verlässlich traditionelle Bündnisse in Zukunft sein werden. Partnerschaften mit Ländern wie Kanada, Indien und VAR Jkönnten eine strategische Ergänzung zur NATO darstellen und zur Stabilisierung globaler Sicherheitsstrukturen beitragen.Durch die Schaffung von transnationalen

Forschungszentren und -netzwerken könnten Länder ihre Ressourcen bündeln, um zentrale Herausforderungen wie Klimawandel, Pandemien, Cyberkriminalität und Künstliche Intelligenz gemeinsam zu adressieren.

Angesichts geopolitischer Herausforderungen und wachsender Spannungen mit den USA rückt für Kanada eine engere strategische Partnerschaft mit Europa in den Fokus. Unilaterale Entscheidungen Washingtons, etwa in der Handelspolitik oder beim Klimaschutz, haben Kanada vor wirtschaftliche und diplomatische Probleme gestellt. Die starke Abhängigkeit vom US-Markt macht eine wirtschaftliche Diversifizierung dringend erforderlich. Eine vertiefte Zusammenarbeit mit der EU wäre eine natürliche und zukunftsweisende Alternative.

Auch sicherheitspolitisch könnte die transatlantische Kooperation an Bedeutung gewinnen. Kanada ist ein verlässlicher NATO-Partner, eine engere Abstimmung mit Europa würde strategische Unabhängigkeit von den USA fördern. Für die EU entstünde damit ein stabiler transatlantischer Verbündeter, der gemeinsame Werte und Interessen teilt. Im Indo-Pazifik entsteht Bündnis-Potenzial für eine Zusammenarbeit zur Eindämmung chinesischer Expansionsbestrebungen. Eine verstärkte transatlantische Koordination könnte Europas Einfluss in der Region stärken. Darüber hinaus bietet Kanadas Arktis-Expertise eine wertvolle Grundlage für eine engere Kooperation mit der EU, um russische Ambitionen in der Polarregion wirksam zu begegnen.

Zukunftssektoren wie erneuerbare Energien, künstliche Intelligenz und Cybersicherheit würden die transatlantische Partnerschaft auf eine neue Ebene heben. Eine vertiefte Zusammenarbeit in diesen Bereichen würde nicht nur den technologischen Vorsprung sichern, sondern auch eine alternative Führungsrolle in einer zunehmend multipolaren Weltordnung festigen. Da die USA sich verstärkt in Richtung Isolationismus bewegen, bietet eine strategische Annäherung zwischen Kanada und Europa die Chance, eine stabilere und nachhaltigere globale Ordnung aktiv mit zu gestalten.

12. EUROPÄISCHES BÜNDNIS AUF ZUKUNFT

Diese Partnerschaften könnten den Austausch von Wissen und Technologien erleichtern, insbesondere zwischen Industrieländern und dem Globalen Süden. Dies könnte nicht nur Innovationen beschleunigen, sondern auch die globale Ungleichheit im Zugang zu modernem Wissen und Technik verringern. Eine enge Zusammenarbeit in Bereichen wie Quantencomputing, nachhaltiger Energie, grüner Technologien und medizinischer Forschung könnte sowohl den Fortschritt fördern als auch eine globale ethische Grundlage für den Umgang mit solchen Technologien schaffen.

Die neue Allianz könnte sich für eine Globalisierung einsetzen, die nicht nur den Interessen der reichsten Länder dient, sondern den Wohlstand gerechter verteilt. Dazu gehören gerechte Handelsabkommen, die

Umweltstandards respektieren und die wirtschaftliche Entwicklung in weniger entwickelten Regionen fördern. Globale Lieferketten könnten so gestaltet werden, dass sie soziale und ökologische Verantwortung übernehmen. Länder könnten kooperieren, um faire Arbeitsbedingungen, nachhaltige Rohstoffgewinnung und ressourcenschonende Produktion zu gewährleisten.

Durch einen globalen Investitionsfonds könnten Länder gemeinsam Infrastrukturprojekte finanzieren, die Handel und wirtschaftliche Entwicklung fördern. Gleichzeitig könnten Bildungs- und Trainingsprogramme für Arbeitskräfte entwickelt werden, um den technologischen Wandel global inklusiv zu gestalten. Wissenschaft könnte zur Verbesserung der globalen Sicherheit beitragen, etwa durch die Entwicklung von Frühwarnsystemen für Konflikte, Technologien zur Konfliktprävention oder neue Ansätze für Abrüstung und Überwachung. Eine Allianz könnte darauf abzielen, Wirtschaftsprogramme mit Sicherheitsstrategien zu verbinden, um fragile Staaten zu stabilisieren und

Konfliktursachen wie Ressourcenknappheit oder Arbeitslosigkeit zu bekämpfen.

Durch die Verbindung von Forschung und Wirtschaft könnten Länder Technologien entwickeln, die sowohl ökonomischen Wohlstand als auch globale Sicherheit fördern. Eine neue Allianz könnte sich verpflichten, globale Sicherheit, gemeinsame Forschung und eine faire Wirtschaft als ineinandergreifende Bereiche zu behandeln, die sich gegenseitig verstärken. Ein gemeinsamer Fonds, gespeist aus Beiträgen der Mitglieder sowie privaten Partnern, könnte die Finanzierung gemeinsamer Projekte sicherstellen.

Diese Vision einer kooperativen Bündnisordnung ist nicht nur möglich, sondern angesichts der globalen Herausforderungen dringend notwendig. Ein strukturierter Austausch zwischen Regierungen, Wissenschaftlern, Unternehmen und der Zivilgesellschaft würde dazu beitragen, innovative Lösungen zu entwickeln und bewährte Praktiken zu teilen. Durch den Dialog und die Zusammenarbeit können unterschiedliche Perspektiven und Expertisen zusammengebracht werden, was fundiertere Entscheidungen und effektiveren Maßnahmen absichern würde.

Darüber hinaus könnte eine solche Allianz auch dabei helfen, das Vertrauen zwischen den Akteuren verschiedener Welt-Regionen zu stärken und gemeinsame Ziele zu definieren. Indem man sich auf gemeinsame Herausforderungen konzentriert, könnten die Beteiligten motiviert werden, über sektorale Grenzen hinweg zusammenzuarbeiten. Um diese Vision zu verwirklichen, wäre es wichtig, klare Strukturen zu etablieren, die die Teilnahme und den Austausch erleichtern. Letztlich könnte eine solche Allianz nicht nur zur Bewältigung gegenwärtiger Herausforderungen beitragen, sondern auch eine Grundlage für zukünftige noch ungedachte Kooperationen schaffen.

Europa würde in einer solchen Allianz ein Netzwerk von Ländern und Unternehmen schaffen, die in der Raumfahrttechnologie und der digitalen Infrastruktur zusammenarbeiten. Dabei spielen Cyber-Sicherheit und künstliche Intelligenz eine zentrale Rolle, da es auf diese Technologien in den zukünftigen Machtverhältnissen ankommen wird. Die Allianzen der Zukunft werden eine Mischung aus pragmatischen Partnerschaften, kurzfristigen Zweckbündnissen und langfristigen strategischen Visionen sein. Es wird nicht mehr nur um nationale Interessen gehen, sondern auch darum, wer die Kontrolle über neue Technologien, Handelswege und Ressourcen hat und wer den Cyber-Raum beherrscht. Das ist weniger die Frage der Freundschaft, sondern eher eine Frage der Notwendigkeit und der Zukunftssicherung.

Die Vorstellung eines Bündnisses zwischen Brasilien, Südafrika, Indien, Indonesien und Europa mag auf den ersten Blick wie der Plot eines geopolitischen Thrillers erscheinen, ein bunter Mix aus verschiedenen Kontinenten und Kulturen, die sich zusammenschließen, um mit den Supermächten USA und China zu konkurrieren. Aber genau diese Art von neuen Allianzen könnte eine der interessanten Entwicklungen in der internationalen Politik der Zukunft sein. Die geostrategischen Ambitionen von Donald Trump, Xi Jinpeng und Vladimir Putin stellen eine komplexe Herausforderung dar, die sofortige, aber auch langfristig strategische Reaktionen von Europa und anderen Akteuren erfordert. Wenn Donald Trump weiterhin auf eine globale "Amerika zuerst"-Politik setzt, müsste dies für Europa unverzüglich die Notwendigkeit einer festen Reaktion und eines robusten Plans zur Wahrung der eigenen Interessen bedeuten.

Indien und Indonesien haben riesige, dynamische Volkswirtschaften, während Brasilien und Südafrika eine starke Präsenz in ihren jeweiligen Regionen haben. Brasilien könnte seinen Agrarsektor ausbauen, Indien seine Technologiemärkte, Indonesien seine Rohstoffe und auch Südafrika seine Naturressourcen. Wenn Brasilien, Südafrika,

Indien, Indonesien und Europa ein Bündnis schmieden würden, dann gäbe es in der globalen Politik eine diplomatische Erneuerung, den globalen Süden und globalen Norden zu einen.

Ein starkes Bündnis zwischen Europa und manchen der Länder wie Indien, Kanada, Brasilien oder die VAE könnte die Allianz zu einer echten Weltmacht im Bereich der Raumfahrt und digitalen Technologien machen. Diese Länder bieten nicht nur technische Expertise und Ressourcen, sondern auch geopolitische Vorteile, die helfen könnten, den USA und China auf Augenhöhe zu begegnen. Die internationale Zusammenarbeit in der Raumfahrt und den digitalen Technologien ist der Schlüssel, wenn man den USA und China in diesen Bereichen Paroli bieten wollte.

Indien hat in den letzten Jahren erhebliche Fortschritte sowohl in der Raumfahrt als auch im Bereich der digitalen Technologien mit einer boomenden IT-Industrie gemacht. Es könnte zudem Europas Ambitionen im Weltraum ergänzen, besonders in der Entwicklung von kostengünstigen, innovativen Missionen. Indien ist auch ein führendes Land in der Softwareentwicklung, Künstlicher Intelligenz und IT-Dienstleistungen, was die digitale Zusammenarbeit verstärken könnte. Ein Europa-Indien-Bündnis würde Europa als Zentrum für Wissenschaft und Technologie im globalen Kontext positionieren, da Indien sowohl eine wachsende Raumfahrtindustrie als auch eine florierende digitale Wirtschaft vorweist.

Auch Japan könnte eine Schlüsselrolle in einem solchen Bündnis spielen. Japan ist bereits heute eines der führenden Länder in der Raumfahrt und im Bereich der digitalen Technologien. Die Zusammenarbeit mit Japan könnte es der Allianz ermöglichen, neue Maßstäbe in der Raumfahrt- und Robotiktechnologie zu setzen, um mit den USA und China gleichzuziehen oder sie gar zu überholen. Mit global führenden Unternehmen in den Bereichen Elektronik, Robotik und Automatisierung könnte Japan die digitalen Innovationen erheblich bereichern.

Südkorea hat sich in den letzten Jahrzehnten als Technologiemacht etabliert. Südkorea hat ein wachsendes Interesse an der Raumfahrt Mit führenden Unternehmen sowie einer hochentwickelten digitalen Infrastruktur könnte Südkorea ein wertvoller Partner sein, der den USA und China Konkurrenz macht. Südkorea ist ein globaler Vorreiter in den Bereichen 5G, Robotik, Künstliche Intelligenz und Elektronik. Durch die Bündelung von Ressourcen könnte Europa seine digitale Wettbewerbsfähigkeit erheblich steigern. Ein Europa-Südkorea-Bündnis könnte sich als äußerst nützlich erweisen, um die digitale Infrastruktur weiter auszubauen und den technologischen Vorsprung gegenüber den USA und China zu verteidigen.

Ebenso ist Kanada ein führendes Land in der Forschung zu Künstlicher Intelligenz und anderen digitalen Technologien. Kanada spielt eine wichtige Rolle im internationalen Raumfahrtprogramm und könnte als Partner für Europa in Bereichen wie Robotik und Raumstationsmanagement wertvoll sein. Kanadische Unternehmen und Universitäten sind führend in der KI-Entwicklung und eine enge Zusammenarbeit mit Europa könnte die digitale Transformation auf beiden Seiten des Atlantiks beschleunigen. Mit Kanada an Bord könnte Europa nicht nur seine digitale Landschaft verbessern, sondern auch von Kanadas Expertise in der Raumfahrt profitieren.

Angesichts der teils erratischen Politik des südlichen Nachbarn könnte ein Plan B mit Europa für Kanada gar nicht so unattraktiv sein. Ein digitales und wirtschaftliches Bündnis zwischen Kanada und der EU, ergänzt durch gemeinsame Weltraumprojekte und Verteidigungsstrategien klingt nach einem cleveren Plan, vor allem, wenn man bedenkt, dass Kanada damit der manchmal etwas übergriffigen Umarmung seines großen Nachbarn entkommen könnte. Die USA betrachten Kanada seit jeher als eine Art freundliches Anhängsel, das zufällig eine eigene Regierung hat. Von gelegentlichen wirtschaftlichen Drückermethoden bis hin zu Trump'schem „Vielleicht kaufen wir es einfach"-Denken. Washington hat nie einen Hehl daraus gemacht, dass es Kanada am liebsten direkt in die 51-Sterne-Flagge einweben würde. Ein globales Bündnis mit Europa wäre daher für Kanada nicht nur eine technologische und wirtschaftliche Absicherung, sondern auch ein strategischer Fluchtweg aus der ewigen „kleiner Bruder"-Rolle. Während die USA mit geopolitischen Muskeln spielen, könnte Kanada mit Europa ein Netz aus Innovation, Sicherheit und nicht zu vergessen einer gewissen höflichen Distanz zum südlichen Nachbarn knüpfen.

Nicht zuübersehen ist, dass die VAE sich klammheimlich als ein überraschender Akteur in der Raumfahrt etabliert. Mit dem kontinuierlichen Ausbau ihrer Raumfahrtstrategie könnten die VAE ein wertvoller Partner für Europa werden, insbesondere in der Zusammenarbeit im Bereich interplanetarer Missionen. Die VAE sind ein wachsendes Zentrum für digitale Innovationen und könnten den europäischen Markt für digitale Technologien erweitern. Ein Bündnis mit den VAE könnte Europa den Zugang zu einer strategischen Raumfahrtkooperation im Nahen Osten und neue Märkte im Bereich der digitalen Innovation ermöglichen. Brasilien ist eines der führenden Länder in Südamerika, wenn es um Raumfahrt geht. Es gibt großes Potenzial für europäische Unternehmen, in Brasilien zu investieren und Partnerschaften aufzubauen.

Sollte es erneut zu wirtschaftspolitischen Spannungen kommen, wie etwa durch Handelskriege oder Zölle, würde Europa gezielt nach Handelsabkommen mit anderen globalen Akteuren suchen und versuchen, seine wirtschaftliche Unabhängigkeit zu stärken, etwa durch den Ausbau der Eurasischen Handelsverbindungen und Kooperationen mit Indien, Japan, Südkorea und anderen. Europa müsste noch stärker die Prinzipien des Multilateralismus und des Internationalen Rechts verteidigen, insbesondere in Bereichen wie Klimaschutz, Handelsabkommen und technologische Innovationen. Europa müsste die strategische Autonomie als langfristiges Ziel verfolgen, um eine gewisse Unabhängigkeit von den politischen Schwankungen in den USA zu gewährleisten. Verstärkte Investitionen in eigene Technologien, Cybersicherheit und defensive Kapazitäten wären hier erforderlich. Dies würde auch den Schutz von kritischen Industrien und Technologien umfassen. Europa könnte als Akteur in großen Handelsabkommen und Infrastrukturprojekten auftreten, etwa durch Initiativen, die sich auf nachhaltige Energie, grüne Technologien oder digitale Infrastruktur konzentrieren. Partnerschaften mit Indien, Südkorea und Brasilien könnten hier im Vordergrund stehen, um wirtschaftliche Vielfalt und Unabhängigkeit zu fördern.

In einer globalen Allianz hätte Europa die Option, eine führende Rolle in der Förderung von Nachhaltigkeit und einer grünen Wirtschaft zu übernehmen, um den globalen Wandel hin zu einer gerechteren und nachhaltigeren Weltwirtschaft zu gestalten. Durch die verstärkte Zusammenarbeit mit Partnern in Asien, Afrika und Lateinamerika könnte Europa das Wachstum erneuerbarer

Energien, umweltfreundlicher Mobilität und grüner Technologie fördern. Europa hat mir dem Green Deal als Treiber globaler Klimaschutzmaßnahmen und Nachhaltigkeit ein mächtiges Auftreten. Dabei könnten Partnerschaften mit Kanada und anderen Ländern die globale Entwicklung in Richtung grüner Wirtschaft fördern, insbesondere im Bereich der Kohlenstoffneutralität und nachhaltigen Landwirtschaft.

Der Green Deal ist keine optionale Strategie, sondern eine dringende Notwendigkeit, um den Klimawandel zu bekämpfen und die Wirtschaft langfristig zukunftsfähig zu machen. Der Green Deal setzt auf grüne Technologien, Erneuerbare Energien und innovative Wirtschaftszweige, die Europa nicht nur vor der Energiekrise, sondern auch vor der wirtschaftlichen Abhängigkeit von fossilen Brennstoffen schützen sollen. Unternehmen, die in diesen Bereichen investieren, schaffen Arbeitsplätze und Wachstum in einer neuen, klimafreundlicheren Wirtschaft. Europa könnte als weltweiter Vorreiter in Sachen Nachhaltigkeit auftreten und so auch politische Allianzen aufbauen, die auf umweltfreundlicher Zusammenarbeit basieren. Der Green Deal ist in seiner Essenz eine Präventionsmaßnahme gegen die Auswirkungen des Klimawandels. Ohne ihn würde Europa zunehmend von extremen Naturkatastrophen heimgesucht, die sowohl Wirtschaft als auch Lebensqualität beeinträchtigen. Wenn Europa nicht auf den Green Deal setzt, könnten extreme Wetterereignisse wie Hitzewellen, Überschwemmungen, Stürme und Dürreperioden weltweit zunehmen. Länder im globalen Süden, die schon jetzt mit den Folgen des Klimawandels kämpfen, könnten noch stärker betroffen werden. Dies würde nicht nur zu einem Anstieg von Klimaflüchtlingen führen, sondern auch zu sozialer Instabilität und politischen Konflikten. Der Green Deal steht absolut auf keinem Abstellgleis, ganz im Gegenteil ist er der Schlüssel zu einer überlebensfähigen Zukunft, ohne den die Menschheit ihre Lebensgrundlagen riskieren würde.

Forschungspartnerschaften zwischen europäischen und

südlichen Universitäten und Forschungseinrichtungen könnten innovative Lösungen für den Klimawandel, die Biodiversität und andere globale Herausforderungen entwickeln. Der Klimawandel ist längst keine abstrakte Gefahr mehr, die irgendwann in der Zukunft eintreten wird. Er ist real, spürbar und ständig gegenwärtig. Hitzewellen, Stürme, Überschwemmungen und Waldbrände gehören in vielen Teilen der Welt mittlerweile zum Alltag. Diese Ereignisse verursachen Zerstörungen, beeinträchtigen Lebensqualität und treiben die Flüchtlingsströme an. Die negativen wirtschaftlichen Folgen sind ebenso spürbar, von Ernteausfällen bis zu steigenden Versicherungskosten. Das lässt sich nicht einfach aus der politischen Agenda entfernen, es geht schlicht um das Überleben und die Zukunft der kommenden Generationen.

Würde sich Europa für ein faireres globales Finanzsystem einsetzen, das es Ländern des globalen Südens ermöglicht, Zugang zu Finanzmitteln für Infrastrukturprojekte und Entwicklungsinitiativen zu erhalten? Hierzu könnten grüne

Anleihen oder Entwicklungsfonds verwendet werden, die nachhaltig in Infrastruktur und Klimaschutz investieren. Der Abbau von Schulden könnte ein zentrales Ziel dieser Phase sein, sodass die Länder des globalen Südens nicht in einer Schuldenfalle verharren. Die Ausweitung des Euro als verlässliche Weltwährung könnte eine Schlüsselrolle in diesem neuen Finanzsystem spielen. Der Euro hat bereits eine bedeutende Rolle im internationalen Handel, aber eine stärkere Nutzung als Reservewährung könnte den globalen Süd-Ländern helfen, von einer stabileren und gerechteren Währung zu profitieren.

Europa könnte in der neuen Allianz eng mit dem globalen Süden zusammenarbeiten, um auch gemeinsame Sicherheitsarchitekturen zu schaffen. Dies könnte durch Friedensmissionen oder Kooperationsabkommen im Bereich der Cyberverteidigung geschehen. Es wäre entscheidend, dass europäische Länder als strategische Partner bei der Förderung des Friedens in Konfliktregionen des globalen Südens agieren. Zivile Sicherheitslösungen, die auf Konfliktprävention und demokratischer Governance abzielen, könnten ebenso eine Rolle spielen, wie Stabilität in fragilen Staaten zu gewährleisten. Zusammenarbeit in der Bekämpfung von Armut und Krankheitsbekämpfung könnte als Teil eines langfristigen globalen Programms zur Förderung des Wohlstands und der sozialen Gerechtigkeit dienen.

Die Welt blickt gebannt auf die nächsten Schritte in der geopolitischen Arena. Europa hat sich anfangs entschieden, mit sanfter Diplomatie gegen die Bedrohung durch Russland vorzugehen. Aber leider funktioniert dies nur, wenn sie bei einem Kaffeekränzchen in einem Brüsseler Café darüber gesprochen wird. Als der Kreml jedoch eine weitere Grenze überschrittt, blieb Europa zu lange in seiner üblichen Reflexion gefangen und stellte dann doch eine emotionale Rede zur Bedeutung der Zusammenarbeit in schwierigen Zeiten vor. Und so könnte es kommen, dass Europa als der langsame, überlegte Spieler verkannt wird, der regelmäßig zu spät kommt.

Wenn Europa nicht entschlossen und schnell reagiert, könnte es sich am Ende als die geduldige Schildkröte im globalen Rennen herausstellen, die mit den plötzlichen Wendungen der geopolitischen Welt nicht Schritt halten kann. In dieser Welt, in der „schnell und entschlossen" die Devise ist, könnte Europa der Vergessene im geopolitischen Wettbewerb sein. Vielleicht sollte man einfach ein paar „Tramp-oline" für den schnellen Aufstieg in Betracht ziehen. Der Neuerfindungsprozess der Weltwirtschaft ist bereits so weit fortgeschritten, dass China in Rekordzeit über Hyperloop-Verkehrssysteme, Künstliche Intelligenz, Weltraum-Ressourcen und eine neue geopolitische Ordnung mit absoluter Geschwindigkeit hinwegwalzt, als ob das der natürliche Lauf der Dinge wäre.

In Europa wird gerade über den ersten Hyperloop, das Projekt für den schnellsten Zug der Welt diskutiert. Aber statt sich um die zukunftsweisende Technologie zu kümmern, ist Europa damit beschäftigt, die Haushaltsvoranschläge zu überprüfen und sicherzustellen, dass auch wirklich in jedem Land ein entsprechenden Bericht zu den Umweltauswirkungen des Hyperloops abgibt. Dann müssen noch Fördermittel bewilligt werden, und natürlich gibt es die EU-Vorprüfungen für Nachhaltigkeit und Umweltverträglichkeit. Das dauert natürlich nur sieben Jahre, wenn man Glück hat.

Eine neue Allianz-Politik Europas könnte sich in einer dynamischen und flexiblen Struktur manifestieren, die darauf abzielt, die geopolitische Relevanz des Kontinents zu stärken, ohne in die Falle von Bürokratie und langsamen Entscheidungsprozessen zu tappen. Dabei müsste Europa nicht nur die Zusammenarbeit mit den bestehenden Partnern vertiefen, sondern auch neue, zukunftsorientierte Allianzen schmieden, sowohl im globalen Süden als auch in der Technologie- und Raumfahrtbranche.

Die geopolitische Relevanz Europas hängt heute mehr denn je davon ab, wie es sich in einer zunehmend komplexen und multipolaren Welt positioniert. Europa hat die Chance, eine aktive, innovative Rolle zu übernehmen, doch es muss dynamisch und flexibel reagieren, um nicht in der Falle von Bürokratie und langsamen Entscheidungsprozessen zu landen, die die Europäische Union in der Vergangenheit oft gelähmt haben. Eine neue Allianz könnte der Schlüssel dazu sein, die internationale Wettbewerbsfähigkeit zu sichern und gleichzeitig die Weltwirtschaft nachhaltig zu beeinflussen.

Man stelle sich vor, Europa verpasst diese Chance. Nicht etwa durch schüchternes Zögern oder missverständliche Kompromisse, sondern durch kühne Ignoranz und das unerschütterliche Vertrauen in die Macht des „später." Das ist es, was Europa so gut kann - Chancen mit Anlauf verpassen. Der geopolitische Sturm zieht auf, aber Europa liebäugelt mit der Strategie: einfach abwarten und abschalten. Natürlich ist der globale Süden auf der Jagd nach nachhaltigen Investitionen, innovativen Technologien und neuen Finanzpartnerschaften. Doch warum sich mit diesen zukunftsorientierten Projekten befassen, wenn man doch so wunderbar in der Konferenz-Schleife bleiben kann? Europa könnte natürlich seine Rolle als Katalysator für den globalen Wandel übernehmen, aber wozu der Stress?

In Zeiten der letzten geopolitischen Turbulenzen wird die Zusammenarbeit gleichgesinnter Staaten immer wichtiger. Europa, Kanada und Indien stehen vor gemeinsamen Herausforderungen und doch haben sie bisher keinen festen trilateralen Mechanismus geschaffen. Dabei könnte genau eine solche Allianz eine neue globale Machtachse formen, eine, die wirtschaftliche Stabilität, technologische Innovation und Sicherheit vereint.

Die Vision beginnt mit der Etablierung eines strukturierten Kooperationsmechanismus. Regelmäßige Gipfeltreffen, enge Abstimmungen auf internationaler Ebene und die Entwicklung gemeinsamer Strategien würden nicht nur die politische und wirtschaftliche Zusammenarbeit stärken, sondern auch das internationale Gewicht der Partner erhöhen. Durch koordinierte Sanktionen, Exportkontrollen und wirtschaftliche Gegenmaßnahmen könnten Europa, Kanada und Indien ihren Einfluss gemeinsam geltend machen und eine stabilisierende Kraft in der Weltpolitik sein.

Zudem ist die wirtschaftliche Resilienz ein entscheidender Faktor. Die Abhängigkeit von China und anderen Drittstaaten in Bereichen wie kritischen Rohstoffen, High-Tech-Komponenten und Produktionskapazitäten stellt eine erhebliche Verwundbarkeit dar. Durch gezielte Investitionen in regionale Produktionsketten könnten die drei Partner ihre wirtschaftliche Souveränität stärken.

Auch technologisch gibt es enorme Potenziale für eine verstärkte Zusammenarbeit. Ein gezielter Austausch von Wissen, Forschung und Ressourcen würde dazu beitragen, dass Europa, Kanada und Indien an der Spitze technologischer Entwicklungen bleiben. Gleichzeitig wäre eine enge Koordination in Fragen der Cybersicherheit, des Datenschutzes und der digitalen Souveränität essenziell, um eine widerstandsfähige digitale Infrastruktur zu schaffen, die gegen externe Bedrohungen gewappnet ist.

Ebenso darf die sicherheitspolitische Dimension nicht außer Acht gelassen werden. Eine trilaterale Sicherheitsinitiative könnte die militärische Zusammenarbeit intensivieren, mit gemeinsamen Übungen, dem Austausch von Geheimdienstinformationen und einer abgestimmten Verteidigungspolitik. Insbesondere im Indopazifik, einer Region, die zunehmend zum geopolitischen Brennpunkt wird, könnte eine stärkere europäische Präsenz zur Stabilisierung beitragen und potenzielle Konflikte entschärfen. Es hätte nicht zuletzt bedutendeAuswirkungen auf den europäischen Krieg in der Ukraine.

13. ASSESSMENTS VON KOMMENTATOREN

Woran liegt es, dass manchmal selbst dekorierte Hochschul-Abgänger sich bei Analysen politischer Situationen so verhauen? Liegt es am Praxis-Mangel im kreativen Procedere? Es kommt schon sehr darauf an, sich in das Situative jeweils hineinleben zu können. Ein Musikstudent, der jedes Instrument in der Theorie beherrscht, aber auf der Bühne nicht weiß, wie er mit einem Live-Publikum interagieren soll, wird sich auf der großen Bühne verloren fühlen. Politische Situationen sind nicht nur vom Papier aus verständlich, sondern sie leben von den vielen unvorhersehbaren Faktoren, die in einer dynamischen und komplexen Weltpolitik täglich hinzukommen.

Ein politischer Kommentator braucht Wissen, Analysefähigkeiten, Klarheit, Objektivität und die Fähigkeit zur Selbstreflexion. Sonst wird das Kommentieren schnell zu einer Art Meinung im luftleeren Raum, die weder informativ noch hilfreich ist. Ohne das notwendige Fachwissen kann ein Kommentator leicht falsche Informationen verbreiten oder ungenaue Analysen präsentieren. Das führt nicht nur zu Missverständnissen, sondern untergräbt auch das Vertrauen in die Medien. Ohne kritisches Denken und Objektivität besteht die Gefahr, dass politische Kommentatoren ihre persönlichen Überzeugungen zu stark in den Vordergrund stellen und zu einer einseitigen Darstellung neigen. Das befeuert die Polarisierung besonders in einem politisch aufgeladenen Umfeld.

Ob der Ahnungslosigkeit bei manchen Journalisten könnte man glatt meinen, dass kritisches Denken und Objektivität aus dem Wörterbuch der Kommentatoren gestrichen wurden, vermutlich unter dem Eintrag „Weg mit dem alten Kram, her mit der Empörung". Kommentatoren befinden sich in einem Wettlauf, wer die schärfsten Spitzen und witzigsten Tiraden aus dem Hut zaubern kann. Währenddessen wird das eigentliche Thema oft zur Nebensache degradiert. In dieser Arena der Überzeugungen und Emotionen wird die Kunst der Differenzierung oft gegen die Wand geknallt. Die Follower in den sozialen Medien applaudieren oder schreien empört auf, je nachdem, auf welcher Seite des politischen Spektrums sie sich befinden. So wird aus einer Diskussion über politische Themen ein schreiendes Schlachtfeld, auf dem die schärfsten Worte die Waffen sind und der Verstand oft das erste Opfer.

Man muss die Zwischentöne hören, die unausgesprochenen Interessen erkennen und die historischen und kulturellen Kontexte verstehen, die eine politische Entscheidung beeinflussen. Dies erfordert nicht nur analytische Fähigkeiten, sondern auch Empathie und die Fähigkeit, verschiedene Perspektiven einzunehmen, etwas, das in vielen theoretischen Studiengängen oft zu kurz kommt.

In zunehmendem Maß fällt auf, wie oberfächliches und unreflektiertes Denken durch qualitätsarme Medien in der Öffentlichkeit verbreitet wird. Diese Infiltration von nicht durchdachten oder vereinfachten Ansichten durch Medien, die weniger Wert auf gründliche Recherche und Qualität legen, könnte weiter verstärkt werden, wenn vom Meinungsmarkt nicht dagegen gesteuert wird. Bedingt durch mäßig ausgebildete oder ideologisch vorgefertigte Journalsiten, aber auch durch sogenannte Experten aus den Universitätsreiehn erhält nicht selten ein braver, aber unergiebiger Beamten-Usus den Vorzug zur Kommentierung von Ereignissen. Da ist wenig systemanalytische Intelligenz zu erwarten.

Es entsteht der Eindruck, dass oft vereinfachte Perspektiven anstelle fundierter Analysen und differenzierter Betrachtungen vorherrschen. Dies beeinträchtigt das öffentliche Verständnis von komplexen Themen. Auch die politische und gesellschaftliche Diskussion insgesamt verflacht oder wird gar in die falsche Richtung gelenkt. Im kreativen Entscheidungsdenken gefordert, geschweige denn in der damit verbundenen Praxis bewährt, werden derartige Kommentatoren kaum geeignet sein, fachliche

Beurteilungen vorzulegen.

So ist es in Deutschland nach einer brisanten
Parlamentsdebatte im Januar 2025 vorgekommen, dass
Völker- und Verfassungsrechtler sich anmaßten, über die
formalen Bedingungen hinaus, inhaltliche Aspekte über
Strategie und politisches Management zu kommentieren.
Man merkte förmlich, wie System-Forscher und empirisch
erprobte Evaluierer fehlten. Einseitige Experten-
Erklärungen Resultat sind dann eine meist gefährliche
Beeinflussung der Öffentlichkeit, die soundso schon in ihrer
gewohnten Passivität auf gut durchdachte Kommentare
angewiesen ist. Da reicht der gute Wille braver
Universitätsbürokraten nicht aus. Sogar Reporter, die an der
Front der Praxis geschult sind, wären besser geeignet,
inhaltliche Kommentare abzugeben.

Es gibt ein wachsendes Bedürfnis, die Öffentlichkeit nicht
nur mit oberflächlichen, sondern mit pragmatischen und
gut durchdachten Informationen zu versorgen. Besonders in

Zeiten gesellschaftlicher Krisen wird es immer wichtiger, Experten mit einer realen Praxisbasis zu hören, die die komplexen Wechselwirkungen und Konsequenzen besser erfassen können. Doch wie lässt sich in einem Informationsmarkt, der von Sensationalismus oder Vereinfachung geprägt ist, ein Ausgleich finden, der diese Praxisnähe wirklich fördert?

Willkommen im Jahr 2025, dem goldenen Zeitalter des Informationsmarktes, wo Fakten nur dann zählen, wenn sie in 280 Zeichen gepresst werden. Warum sich mit den komplexen Wechselwirkungen und Konsequenzen einer Krise auseinandersetzen, wenn man auch einfach ein klickstarkes, knalliges Schlagwort erfinden kann? Natürlich gibt es auch Experten, die mit ihren nüchternen Analysen daherkommen, die einem völlig die Laune verderben. Wer braucht schon eine durchdachte Einordnung der Situation, wenn ein Tweet doch viel mehr Wirkung hat? Ein bisschen Alarmismus, etwas Drama und schon hat man die Aufmerksamkeit der Massen. Schließlich lebt niemand von sachlicher Aufklärung, sondern vom schnellen Nervenkitzel.

In diesem Schauspiel wird man unsicher, ob die nächste Einordnung von internationalen Konflikten besser in den Händen von universitären Bürokraten oder in denen der praktischen Wissenschaft liegen sollte. Dies reflektiert recht gut die Farce der übertriebenen Diskussionen von Schein-Experten. Es entsteht ein gefährlicher Kreislauf, bei dem die Öffentlichkeit von Scheinwissen beeinflusst wird. Die Frage, wie man Experten und Führungskräfte ausbildet und einsetzt, ist heute fast so aufregend wie eine neue Staffel einer Reality-Show.

Stellen wir uns ein System vor, das auf tatsächlicher Erfahrung basiert. Wer hätte gedacht, dass das *echte* Fachwissen durch Bildung und die professionellen Fertigkeiten durch jahrelange harte Arbeit und das Sammeln von praktischen Erfahrungen entsteht? Warum in eine wirklich tiefgehende Ausbildung investieren, wenn man doch einfach in einem populären Podcast auftreten kann? Heute scheint der wahre Test nicht darin zu bestehen, wie gut man sich bewährt, sondern wie viele Follower man auf sozialen Medien hat.

Zuletzt scheint es oft so, als würde der Wert eines Menschen zunehmend an der Zahl seiner Follower oder seiner Reichweite in sozialen Medien gemessen und nicht an der Tiefe seines Wissens oder der Qualität seiner Arbeit. TikTok und Instagram sind zu den neuen Akademien geworden, in denen Ratschläge von Influencern mehr Gewicht haben als jahrelange Ausbildung und Erfahrung. Ein populärer Podcast über das neueste Thema kann schneller Millionen Menschen erreichen als eine tiefgehende Forschung oder ein umfangreiches Studium. Aber hier liegt das Paradoxon: wird wirklich das Wissen und die Expertise gefeiert, oder ist es die Fähigkeit, das Wissen schnell und verpackt in eingängige Häppchen zu präsentieren?

Wieder klingt der Hinweis herein, dass auch die Vita von

Experten mit Assessements ausgefüllt sein sollte. In der Tat wären Fachkräfte aus der empirischen Systemforschung, die zusätzlich über tiefgehende Kenntnisse in Soziologie, Geschichte und Politikwissenschaft verfügen, besser geeignet, die komplexen Ursachen und Wechselwirkungen in Krisensituationen zu verstehen und auch zu erklären. Sie sollten imstande sein, die Handlungs-Muster zu erkennen, Ursachen zu analysieren und die Langzeitfolgen von Entscheidungen zu berücksichtigen und das auf eine Weise, die wirklich einen praktischen Wert für die Lösung von Problemen hat. Viele der politischen Themen erfordern eine langfristige, ganzheitliche Perspektive, die die Beherrschung interdisziplinärer Ansätze viel stärker betont. Es geht darum, mehr als nur punktuelle Lösungen zu begutachten. Die tieferen Ursachen müssen verstanden werden, um die langfristigen Auswirkungen einordnen zu können. Die Methoden des strategischen Verhaltens und der Planungsleistung laufen meist parallel zum fachlichen Know-how im Umgang mit Kreativität und Problemlösungstechniken.

In bedeutenden Wirtschafts-Konzernen beginnen frisch angeheuerte Akademiker auch erst als Trainees, bevor sie die Leiter des Managements über vorgezeigte Leistung und Erfahrung erklimmen. Dort wo Quereinsteiger oder Ex-Politiker als Lobbyisten in die Unternehmen einsteigen, passieren eben die meisten Pannen und Misserfolge. Oder ist in den Kliniken je ein frisch absolvierter Mediziner sofort zum Chef-Arzt gekürt worden? Die Diskussion darüber, wie Experten und Führungskräfte gebildet und eingesetzt werden sollten, ist nicht nur auf den politischen oder medialen Bereich begrenzt, sondern durchzieht praktisch alle Sektoren. Der Wert von praktischer Notwendigkeit, sich erst bewähren zu müssen, scheint eine gesunde Grundlage für echtes Fachwissen zu sein.

Wenn es um tiefsinnige Ereignis-Fälle geht, tragen auch die Medien eine schwere Verantwortungslast. Deswegen sollten sie nicht immer gleich von der Seitenlinie mit destruktiven Beschreibungen unsachgemäß eingreifen. So geschehen nach den hitzigen Debatten im deutschen

Bundestag Ende Jänner 2025, als die Medien vielleicht ungewollt sich für eine Verschiebung in die rechte Szene engagierten. Sie warfen sich mit voller Wucht in die Debatte, ohne auch nur ein einziges Mal zu hinterfragen, ob sie wirklich verstanden haben, was los war. Stattdessen wurde das komplexe Zusammenspiel aus Politik, Strategie und gesellschaftlichen Spannungen zu einem hochgradig vereinfachten Happen für die Massen, fein gewürzt mit einem Hauch von Rechtsextremismus-Sensation und garniert mit einem Anflug eines vermeintlichen Skandals.

Die tieferen Ursachen lassen sich einordnen, um die langfristigen Auswirkungen einordnen zu können. Die Methoden des strategischen Verhaltens und der Planungsleistung laufen meist parallel zum fachlichen Know-how im Umgang mit Kreativtät und Problemlösungstechniken. Es ist eben nicht nur das „Was" wichtig, sondern vor allem das „Wie" und das schließt sowohl die emotionale als auch die kreative Dimension mit ein. Die Kunst des richtigen Assessments will eben auch erst erlernt sein.

Auch hier fällt wieder der Hinweis auf den Wert von professionellem Assessment ins Gewicht. Es genügt also nicht, allein die Sachmaterie im Entscheidungsfeld zu kennen, es braucht das Hineintauchen in die kreative Gefühlslage von Aktion und Reaktion und in das gefühlte Risiko-Verhalten. Wer selbst noch nie in irgendeiner Art mit strategischen Entscheidungen, sei es in Wirtschaft oder sonst im Management zu tun gehabt hat, wird sich in der Auseinandersetzung mit den Fertigkeiten der anderen auseinaderzusetzen, schwer tun.

14. MISSGLÜCKTE IDEENBEWERTUNG

So wie digitale Kampagnen der KI erst einmal zu verifizieren sind, sind auch Kommentatoren in den verschiedenen Medien auf ihre Kompetenzen hin zu prüfen. Die feineren, oft schwer fassbaren Aspekte von Risiko und emotionaler Reaktion sind ebenso zu berücksichtigen und zu bewerten. Mainstream-Ereignisse erhalten oft große Aufmerksamkeit, weil sie entweder besonders spektakulär, kontrovers oder relevant sind. Diese Ereignisse dominieren häufig die Nachrichten, die sozialen Medien und die öffentliche Diskussion. Politische Beobachter und Journalisten übersehen dabei in der Beurteilung solcher Ereignisse nicht selten die Strategien und Absichten, die dahinter stecken.

Zwei Beispiele aus je einem außenpolitischen und innenpolitischen Szenario. Im Frühjahr 2024 hatte der französische Präsident seine europäischen Partner mit dem Satz aufgeschreckt, dass man nichts ausschließen dürfe, wenn es um die Unterstützung der Ukraine gehe, auch nicht die Entsendung von Bodentruppen. Diese Aussage hat in der Tat große Aufmerksamkeit erregt und viele Kommentatoren aufgeschreckt. Es war eine klare, wenn auch vorsichtige, Erinnerung daran, dass die westliche Unterstützung für die Ukraine nicht nur diplomischer oder finanzieller Natur sein muss, sondern im Extremfall auch militärische Dimensionen annehmen kann.

Der taktische Grundsatz „Sag dem Gegner nie, was du nicht tun wirst" ist ein wichtiger Punkt in der Kriegsführung als auch in der politischen Kommunikation. In diesem Fall bedeutet es, dass Macrons Aussage vor allem als eine Art strategisches Signal an Russland zu verstehen war. Indem er die Möglichkeit von Bodentruppen nicht ausschloss, setzte er dem Gegner eine klare Grenze: wenn es nötig ist, wird Frankreich bereit sein, alle Optionen zu erwägen, um seine politischen Ziele zu erreichen und den Ukraine-Konflikt nicht zu einem offenen Krieg mit Russland zu eskalieren.

Die vielen Kommentatoren, die sofort in Panik verfielen und diese Aussage als das Einläuten eines Kriegseintritts interpretierten, haben wahrscheinlich genau die Bedeutung des taktischen Spiels nicht verstanden. Macron hat bewusst die Tür offen gelassen, um den Druck auf Russland zu erhöhen, ohne tatsächlich eine Entscheidung getroffen zu haben. In der diplomatischen und sicherheitspolitischen Kommunikation ist dies ein klassisches Manöver. Es geht darum, dem Gegner zu zeigen, dass man bereit ist, weit zu gehen, ohne dabei sofort eine unnötige Eskalation auszulösen. Es ist die Balance zwischen Härte und Diplomatie.

Die Reaktion der Kommentatoren auf Macrons Statement „da zeigt sich wieder einmal, wie schnell der Finger am Kriegs-Notfallknopf ist, wenn es um militärische Rhetorik geht". Macron, der in aller Ruhe und im besten französischen Stil etwas sagt, was im Grunde genommen nichts anderes ist als „ich schließe nichts aus, aber auch nichts ein", hat plötzlich das gesamte Kommentatoren-

Bataillon in höchste Alarmbereitschaft versetzt. Es war fast, als ob der französische Präsident *persönlich* den Startschuss für den Dritten Weltkrieg gegeben hätte. „Was? Bodentruppen? In die Ukraine? Macron ist verrückt geworden!", riefen die wie so oft unqualifziert um sich ballernden Kommentatoren. Macron sagte nicht, dass Frankreich mit einem Armee-Umzug auf Kiew zielt, sondern dass in der diplomatischen Welt alles möglich ist, aber was kümmern uns schon diese Details? Stattdessen wurde die Schlagzeile sofort „Macron fordert Bodentruppen für die Ukraine!" und die Welt stand in Flammen. Auf einmal war Europa der Drahtzieher eines Krieges und die Journalisten standen mit einer Tüte Popcorn in der Hand bereit, die Eskalation zu genießen. Also, ein bisschen weniger in den Luftschutzbunker kriechen und ein bisschen mehr hinterfragen: vielleicht ist das nicht der Anfang vom Ende, sondern einfach nur ein kluger Versuch, die richtige Sprache in einem äußerst heiklen geopolitischen Umfeld zu sprechen.

In diesem Fall war Macrons Antwort auf Medwedews Rhetorik eine bewusste Entscheidung, sich nicht in eine passive Rolle zu drängen und sich nicht in einen Dialog der Belanglosigkeiten zu verstricken. Medwedew, der mit seiner kriegerischen Rhetorik eine klare Linie zieht, um die Eskalation und eine aggressive Haltung zu fördern, erwartet möglicherweise, dass der Westen sich entweder zurückzieht oder rhetorisch auf eine defensive Haltung fällt. Macron jedoch entschloss sich, eine klare, aber kontrollierte Antwort zu geben, die sowohl eine Entschlossenheit als auch eine Bereitschaft zur Deeskalation signalisiert. In der Streit-Kommunikation, ähnlich wie in der Kriegsführung, ist es wichtig, dem Gegner den Raum für Spekulation zu verwehren und die eigenen Absichten klar zu formulieren. Indem er Medwedew entgegentrat, gab er zu verstehen, dass die westliche Antwort auf provokante Rhetorik nicht im leeren Raum stattfinden würde.

Natürlich können Aussagen auch problematisch sein, wenn sie in einem medialen Umfeld getätigt werden, dessen

Weitblick eng begrenzt ist. Eine falsch verstandene Rhetorik in einem geopolitischen Klima, das ohnehin von Spannungen geprägt ist, kann leicht Missverständnisse und Provokationen auslösen, vor allem wenn stumpfe Medien den Horizont noch mehr einengen. Wenn führende Politiker, insbesondere solche, die direkten Zugang zu militärischen Ressourcen haben, mit dieser Art von Sprache operieren, wird die Gefahr von Missverständnissen und Eskalationen deutlich erhöht. In diesem Kontext war es richtig, dass Macron sich nicht nur auf eine passive Haltung zurückzog, sondern aktiv versuchte, eine stärkere, rationalere Position zu vertreten. Es geht nicht nur darum, auf Provokationen zu reagieren, sondern auch darum, eine klare Botschaft zu senden: Gewalt und Bedrohung sind keine akzeptablen Mittel, um politische Ziele durchzusetzen. Macron hat in gewisser Weise die Verantwortung übernommen, einen Dialog zu fördern und gleichzeitig die Konsequenzen von eskalierenden Tönen zu thematisieren.

Man kennt sie, man fürchtet sie, man kann sich ihnen kaum entziehen: die journalistischen Analysen, die sich bei näherer Betrachtung als ein kreativer Mix aus Spekulation, Dramatisierung und selektiver Faktenanwendung entpuppen. Die Zutaten sind stets dieselben: ein reißerischer Aufhänger, ein ordentlicher Schuss Empörung und eine Prise Fakten, die man je nach Bedarf weglässt oder passend drapiert. Heraus kommt das, was sich gemeinhin als journalistische Analyse ausgibt, aber in Wahrheit eher an eine schlecht recherchierte Hausarbeit eines gelangweilten Erstsemesters erinnert.

Das Erfolgsrezept ist simpel. Zunächst braucht es einen reißerischen Aufhänger, je skandalöser, desto besser. Danach folgt die eigentliche Würze mit einem ordentlichen Schuss Empörung. Doch das wahre Kunststück liegt in der Dosierung der Fakten. Letztlich bleibt die Frage, warum das funktioniert Warum lassen sich Menschen von diesem intellektuellen Fast Food abspeisen? Vielleicht, weil es einfacher ist. Weil eine knackige Schlagzeile weniger Mühe macht als eine tiefgehende Analyse. Und weil es bequemer ist, das zu lesen, was ins eigene Weltbild passt. So dreht sich das Rad der unqualifizierten Journaille weiter, angefeuert von Aufmerksamkeitsökonomie, Empörungsreflexen und der nie versiegenden Quelle der menschlichen Bequemlichkeit.

Als zweites Beispiel für eine nebulose Reaktion der Kommentatoren war die bereits weiter oben erwähnte Abstimmung im deutschen Bundestag Ende Januar 2025 über das sogenannte "Zustrombegrenzungsgesetz", eingebracht von der CDU/CSU-Fraktion. Der Entwurf zielte darauf ab, die Migrationspolitik zu verschärfen, unter anderem durch umfassende Zurückweisungen von Asylsuchenden an den deutschen Grenzen. Die öffentliche Reaktion auf diese Ereignisse war geprägt von Unsicherheit und Uneinigkeit. Einige Kommentatoren lobten den Vorstoß der Union als notwendigen Schritt zur Kontrolle der Migration, während andere die Zusammenarbeit mit der AfD als gefährlichen Dammbruch verurteilten. Diese divergierenden Meinungen führten zu einer öffentlichen Debatte, in der klare Positionierungen oft vermieden wurden.

In einem demokratischen System sollte es klar sein, wie man der AfD und anderen radikaleren Bewegungen politisch den Wind aus den Segeln nimmt. Doch anstatt diese Parteien auf die politische Außenseite zu stellen, werden immer wieder politische Fehler provoziert. Statt eine klare und fundierte Gegenposition einzunehmen, wurden die Wähler und Kommentatoren mit einer taktischen Unentschlossenheit konfrontiert. Die Opposition hat keinesfalls ein Versprechen gebrochen. Der politische Affront kam ziemlich offensichtlich von der europaweit bekannten Ängstlichkeit und schüchternen Kleinkariertheit von Kanzler Scholz und dem Beleidigtsein der Führung der berüchtigen „Ampelregierung". Den Medien war ebenso offensichtlich die zersetzende Verbreitung der ängstlichen Zurückhaltung der Rumpf-Regierung nicht bewusst, womit sie eher dem Rechtsradikaismus Vorschub leisteten. Welche

Parteien haben denn dann „das Tor zur Hölle aufgestossen",
als sie eine gemeinsame Abstimmung verweigerten? Die
Noch-Regierung hat eine grosse Chance vertan.

In dieser Hinsicht war die ganze Angelegenheit von der
Reaktion der Medien und Kommentatoren her eher eine
gewaltige, hyperbolische Erregung, als eine realistische
politische Analyse. Natürlich war es ein
Überraschungsmoment, aber die Panikmache, als sei das
politische System unmittelbar zusammengebrochen,
erinnert ein wenig an den dramatischen Überschwang eines
medialen Blockbusters. Hätten die Kommentatoren einfach
mal tief durchatmen und die Sache von der pragmatischen
Seite betrachten können, oder war es einfach zu
verlockend, den moralischen Zeigefinger zu heben und
„Schande" zu schreien? Das Ergebnis? Politische
Verwirrung, demokratische Erosion und die bittere
Erkenntnis, dass Probleme sich leider nicht in Luft auflösen,
nur weil man sie höflich ignoriert. Aber immerhin gibt's
dann genug Gesprächsstoff für die nächste Krisensitzung!

In solchen Fällen sollten Medien aufhören, den schnellen Sensationsbedarf zu bedienen und stattdessen ihre Rolle als verantwortungsbewusste Aufklärer ernst nehmen. Es geht nicht nur darum, Schlagzeilen zu erzeugen, sondern auch darum, die komplexen Zusammenhänge zu verstehen und zu vermitteln. Ein unüberlegtes Eingreifen mit vereinfachten oder einseitigen Darstellungen kann nicht nur den Diskurs verfälschen, sondern auch falsche Narrative etablieren, die später nur schwer wieder korrigiert werden können.

Es erscheint fast schon ironisch, dass wir in vielen Bereichen immer noch von Experten erwarten, dass sie schnelle Antworten liefern, während doch der wahre Wert in der Fähigkeit liegt, die richtige Frage zu stellen und dann eine Antwort zu entwickeln, die sowohl kreativ als auch pragmatisch sein sollte. Das erfordert aber eine ganz andere Herangehensweise als die, die wir oft in der Medienlandschaft oder der Politik sehen. Dort werden oftmals schnelle, oberflächliche Bewertungen abgegeben, anstatt dass die komplexeren, strategischen Überlegungen angestellt werden, die für langfristige Lösungen entscheidend sind. Vielleicht ist das der Punkt, an dem wir als Gesellschaft mehr lernen müssen. Es geht nicht nur um Fakten, Zahlen und Prozentsätze, sondern auch um die kreative und strategische Fähigkeit, die richtigen Schritte in einem komplexen Umfeld zu erkennen und zu planen.Geschickt koordiniert, ist es möglich, eine Balance zwischen schneller, populärer Kommunikation und tiefergehender strategischer Arbeit zu finden. Dies erfordert jedoch kontinuierliche Aufmerksamkeit und Anpassung, um sicherzustellen, dass beide Aspekte effektiv zusammenwirken und sich gegenseitig verstärken, anstatt sich zu verdrängen.

15. EUROPAS DURCHFÜHRUNGS-MODUS

Politisches Marketing heisst, mit welchen Programmen in welchen Regionen und Räumen und mit welchen Mitteln zu welcher Zeit operiert wird. Es ist viel mehr als nur eine Mischung aus Kommunikation und Statements, es geht um strategische Positionierung, Zielgruppenansprache und den Einsatz passender Mittel, um politisches Kapital zu generieren. Dabei wird das Konzept auf verschiedenen Ebenen umgesetzt: national, regional, international und zunehmend auch digital.

Dazu gehört, die sozioökonomischen Profile und regionalen Unterschiede zu verstehen. Politisches Marketing bedient sich dabei des Themenclustering, das heißt, es werden bestimmte Themen als Schlüsselthemen etabliert, die den Playern wichtig sind und die glaubwürdig und relevant wirken sollen. Die Region oder der Raum, in dem eine politische Aktion stattfindet, ist entscheidend für die

Strategie. In modernen Kampagnen ist das digitale Marketing von Social Media-Strategien, Targeting und Micro-targeting bis hin zur Nutzung von Influencern und Online-Werbung besonders wichtig. Politisches Marketing arbeitet mit Narrativen einer politischen Markenbildung, die die Identität der beauftragten Akteure unterstreicht. Es muss auf Veränderungen in der öffentlichen Meinung, aktuelle Ereignisse und Krisen flexibel reagieren. Ein wandelndes politisches Klima, sei es durch Skandale, Wahlen oder internationale Entwicklungen, verlangt, dass die Antworten sich entsprechend anpassen.

Es ist unbestreitbar, dass bestimmte Begriffe und Narrative gezielt eingesetzt werden, um spezifische Interpretationen und Emotionen zu fördern. Dies geschieht oft in der politischen Kommunikation, wo Wähler durch vereinfachte Botschaften und emotionale Appelle angesprochen werden. Populistische Bewegungen sind besonders geschickt darin, Gefühle wie Angst und Empörung zu mobilisieren, um Unterstützung zu gewinnen und ihre Agenda voranzutreiben.

Bewusst überzeichnete Darstellungen können dabei sowohl als Mittel der Kritik als auch zur Verstärkung bestimmter Narrative dienen. Durch die geschickte Wahl von Begriffen, sei es durch Schlagworte, Euphemismen oder Kampfbegriffe lassen sich Debatten gezielt lenken und Wahrnehmungen beeinflussen. Ein klassisches Beispiel ist die Verwendung von Begriffen wie „Eliten" oder „Systempresse" durch populistische Akteure, um Misstrauen gegenüber etablierten Institutionen zu schüren. Gleichzeitig bedienen sich andere politische Strömungen ähnlich wirkungsvoller Begriffe, um ihre Positionen zu legitimieren oder Gegner zu diskreditieren. Solche sprachlichen Strategien sind nicht auf die Politik beschränkt, sondern finden sich besonders in der Medienberichterstattung und gesellschaftlichen Diskursen wieder. Letztlich zeigt sich, dass Sprache nicht nur ein neutrales Kommunikationsmittel ist, sondern ein machtvolles Werkzeug zur Formung von Realität und öffentlicher Meinung.

Die Medienlandschaft hat sich in den letzten Jahren stark verändert und Clickbait und algorithmische Verbreitung von Inhalten haben dazu geführt, dass Sensationen und Konflikte oft mehr Aufmerksamkeit erhalten als fundierte und komplexe Diskussionen. Emotionale Zuspitzungen werden häufig verwendet, um die Reichweite von Inhalten zu erhöhen, was wiederum die Qualität des öffentlichen Diskurses beeinträchtigt. Dies führt dazu, dass wichtige Gegenargumente oder alternative Perspektiven in den Hintergrund gedrängt werden.

Wie die Social Media aus ihrer Pampers-Mentalität herausholen? Klar, das sie sich noch in den Kinderschuhen befinden und unausgegoren herumschreien, herumfetzen und herumfaken. Doch die globale Kommunikation kann nicht auf Dauer auf die Seriosität dieses Instruments verzichten. Es sollte den Turnaround geben, sobald die Aufgaben des Rating und des Evaluierens auf diese Ebene transferiert und ernsthaft kommuniziert werden. Es beginnt die Aufgabe des Think-Tank-Consulting in den Social Media.

Es ist machbar.

Raus aus der Pampers-Mentalität, hin zu einer ernsthaften Kommunikationskultur. Social Media stecken noch immer in den Kinderschuhen. Sie sind laut, impulsiv, voller Fakes und Skandale, oft mehr Spielplatz als seriöse Kommunikationsplattform. Doch diese Phase kann nicht ewig andauern. Wenn soziale Netzwerke langfristig ihre gesellschaftliche Relevanz behalten wollen, müssen sie sich weiterentwickeln.

Warum Social Media in der Kindheit stecken bleiben. Die aktuelle Dynamik sozialer Netzwerke ist geprägt von Sensationslust, denn Skandale und Provokationen generieren Klicks und Reichweite. Fake News verbreiten sich unkontrolliert. Was Aufmerksamkeit erzeugt, bestimmt die öffentliche Debatte, nicht unbedingt das, was relevant ist. Solange diese Mechanismen dominieren, bleibt Social Media ein unzuverlässiges Instrument für eine seriöse Kommunikation. Die Wende wird kommen, wenn Social

Media nicht nur Plattform für Meinung und Emotion sind, sondern als Instrument für Rating und Evaluation dienen, wenn also Wissenschaft auf den Plan tritt. Die Evolution der sozialen Medien wird erst dann wirklich stattfinden, wenn wissenschaftliche Prinzipien, also fundierte Analyse, Überprüfung und systematische Bewertung Einzug halten. Experten, Wissenschaftler und Fachleute müssen die Plattformen aktiv nutzen, um Debatten zu bereichern.

Solange Clickbait mehr wert ist als ein Nobelpreis, bleibt Social Media die größte Wissenschaftsvermeidungsmaschine der Menschheitsgeschichte. Aber vielleicht reicht ja ein TikTok-Tanz, um den Leuten den Unterschied zwischen Korrelation und Kausalität beizubringen? Statt sich mit den tiefgründigen Themen des Lebens auseinanderzusetzen, sind wir damit beschäftigt, uns über die neuesten Trends und viralen Herausforderungen zu streiten. Die Vorstellung, dass Fake News wie Konfetti durch unsere Feeds fliegen, ist nicht nur erschreckend, sondern auch ziemlich amüsant, schließlich ist es viel einfacher, sich über das letzte Breaking News-Gerücht zu amüsieren, als sich mit den komplexen Realitäten unserer Welt auseinanderzusetzen.

Wie also wirklich die Social Media aus der Windel holen? Man braucht Plattformen, die sich durch sachliche Argumentation auszeichnen, anstatt Empörung und Emotion zu belohnen. Think Tanks, Experten und seriöse Medien müssen aktiver in sozialen Netzwerken agieren, um Diskussionen auf eine fundierte Basis zu stellen. Abstellen der Social-Media Grundregeln: Ich teile, also bin ich? Fake News, das betreute Lügen. Influencer sind keine Philosophen. Nur weil jemand hübsch aussieht, heißt das nicht, dass er Ahnung von Geopolitik hat.

Die Entwicklung von sachlichen und konstruktiven Social-Media-Plattformen erfordert mehrere Ansätze. Es ist wichtig, eine Kommunikationskultur zu etablieren, die auf Dialog, Transparenz und Proaktivität basiert. Dies kann dazu beitragen, dass der beste Wortbeitrag zählt und nicht die stärkste Emotion. Effektive Strategien gegen Falschinformationen sollten eine Mischung aus Faktentreue und emotionalem Storytelling sein, um eine höhere Verbreitung zu finden und gleichzeitig sachlich zu bleiben.

Politisches Marketing ist auch ein wenig Antizipation zukünftiger Ereignisse. Es beinhaltet nicht nur die Kommunikation aktueller Positionen, sondern auch die strategische Vorausschau auf zukünftige Entwicklungen. Vor allem wird versucht, Trends zu erkennen, gesellschaftliche Stimmungen zu antizipieren und die Botschaften entsprechend auszurichten. Daraus folgert das politische Management, also die gezielte Steuerung der Interaktion zwischen politischen Akteuren und der Gesellschaft.

Auf den Punkt gebracht geht es im politischen Marketing nicht nur darum, Wahlprogramme zu präsentieren, sondern diese Programme in einem dynamischen Umfeld zu entwickeln, anzupassen und mit den richtigen Möglichkeiten und Mitteln zu verbreiten. Die Kunst des besteht darin, Öffentlichkeit und Wähler emotional zu erreichen und davon zu überzeugen, dass das jeweilige Programm ihre Probleme am besten löst. Rationelles Handeln erfordert das Planen für die Zukunft. Dies ist aber ohne Kenntnis dr Umfeldbedingungen nicht möglich.

In der internationalen Politik ist eine klare und durchdachte Strategie von entscheidender Bedeutung. Doch während viele Staaten und Bündnisse ambitionierte Pläne entwickeln, bleibt die Umsetzung oft auf halbem Wege stecken. Der Grund? Eine Kombination aus nationalen Eigeninteressen, geopolitischen Realitäten und mangelnder Durchsetzungsfähigkeit. Besonders in Europa zeigt sich dieses Problem immer wieder, sei es in der Verteidigungspolitik, der Energieversorgung oder der wirtschaftlichen Autonomie.

Statt sich gegenseitig mit Subventionen und Industriepolitik auszutricksen, könnte Europa einfach mal wirklich eine gemeinsame Strategie für Zukunftstechnologien aufstellen.

Innovationen dürfen nicht als Bedrohung der Traditionen oder als Zerstörung von Werten wahrgenommen werden, sondern als Möglichkeit, neue Werte zu schaffen. Der technologische Fortschritt in Bereichen wie Digitalisierung, grüne Technologien oder Künstliche Intelligenz muss in Europa so gestaltet werden, dass er in den Kontext von Menschenrechten, demokratischen Grundsätzen und gesellschaftlicher Teilhabe integriert wird.

Souveränität für Europa im 21. Jahrhundert wird nur durch eine ganzheitliche Strategie möglich, die Militär, Wirtschaft, Technologie und Sicherheit miteinander verbindet. Gleichzeitig darf Europa nicht seine internen Spannungen ignorieren, da diese die Fähigkeit zur gemeinsamen Handlungsfähigkeit schwächen könnten. Während die USA und China mit Hochgeschwindigkeit ihre globalen Machtspiele treiben, sitzt Europa weiterhin in endlosen Gremien und feilt an den perfekten Ideen. Dazu zählt militärische Souveränität, aber bitte ohne Waffen. In der digitalen Transformation ist Europa federführend beim

Verfassen von streng regulierenden Datenschutzverordnungen, die es europäischen Unternehmen so schwer wie möglich machen, global konkurrenzfähig zu sein. Nur wenn Europa in der Lage ist, ein echtes, zusammenhängendes Konzept der Souveränität zu entwickeln, wird es auf der Weltbühne als unabhängiger Akteur wahrgenommen. Ein Rückfall in nationalistische Denkmuster wäre Gift für Europas Zukunft.

Nur ein starkes, geeintes Europa kann im globalen Wettbewerb bestehen. Ein ernsthaftes Begehren, ernsthaft besetzt, bedeutet nicht nur zu sagen „Wir wollen souverän sein", sondern tatsächlich durch Bildung von Allianzen, wirtschaftliche Stärke, technologische Innovationskraft und militärische Handlungsfähigkeit eine europäische Souveränität zu schaffen, die auf gemeinsamen Werten und Zukunftsfähigkeit basiert. Das ist kein passiver Wunsch, sondern ein aktiver Auftrag, der die gesamte europäische Politik und Gesellschaft prägen sollte.

In einer dynamischen Welt ist es unerlässlich, dass politische und wirtschaftliche Entscheidungen schnell und effizient getroffen werden. Langsame Entscheidungsprozesse können dazu führen, dass Chancen verpasst werden oder auf Herausforderungen nicht rechtzeitig reagiert wird. Das führt oft dazu, dass Diskussionen und Konferenzen zu einem Selbstzweck werden, bei dem das eigentliche Ziel aus den Augen verloren wird. In vielen Fällen ist der Austausch von Ideen und Perspektiven zwar wertvoll, aber es bleibt die Frage, ob er zu den notwendigen Änderungen führt, die tatsächlich etwas bewirken könnten.

Es ist ein spannendes, aber auch frustrierendes Spiel, das zeigt, wie schwierig es ist, im internationalen Rahmen echte Fortschritte zu erzielen. Letztlich könnte man sagen, dass die Diskussion oft zum Komfortzone für viele Akteure wird, einfach weil sie weniger Risiko birgt als klare Entscheidungen und Maßnahmen zu treffen. Der wahre Erfolg? Nicht die Lösung des Problems, sondern das beständige Weitermachen im Namen der internationalen Zusammenarbeit.Vielleicht ist das größte Risiko in der internationalen Politik, am Ende tatsächlich eine Entscheidung zu treffen, die den eigenen Kurs verändert.

Wenn man mögliche Konflikte, wirtschaftliche Veränderungen oder technologische Innovationen vor Augen hat, ist es möglich, sich frühzeitig zu positionieren. Dann geht es gezielt an vorausschauende Verhandlungen und Allianzen mit anderen Partnern. Die Außenpolitik der USA oder Chinas zeigt, dass diese Mächte nicht nur kurzfristige Interessen verfolgen, sondern strategisch planen, um langfristig Macht und Einfluss zu sichern. Beide Länder verfolgen langfristige Pläne, um ihren globalen Einfluss zu sichern und auszubauen.

Die Vereinigten Staaten setzen auf eine Mischung aus wirtschaftlicher, militärischer und kultureller Dominanz, um ihren Einfluss weltweit zu erhalten. China verfolgt eine mehrstufige Strategie zur schrittweisen Erhöhung seines globalen Einflusses. Dazu arbeitet es an einem gigantischen Infrastrukturprojekt, das Entwicklungsländer wirtschaftlich an China bindet. Die Investitionen in KI, 5G Halbleiter und erneuerbare Energien ist gewaltig, um sich von westlicher Technologie unabhängig zu machen. China intensiviert aber auch insgeheim die militärische Expansion mit Territorialansprüchen im Südchinesischen Meer, baut die Marine gewaltig aus und verstärkt seine Techniken der Cyber-Kriegsführung. Investitionen in Afrika, Lateinamerika und Asien sollen politische Abhängigkeiten schaffen. Zusätzlich werden mit der Entwicklung globaler Finanz- und Handelssysteme Parallelstrukturen zum Westen errichtet.

Europa befindet sich da in einer komplexen Position zwischen den USA und China. Es versucht, seine wirtschaftlichen Interessen, seine politische Eigenständigkeit und seine Sicherheitsbedürfnisse auszubalancieren.Wirtschaftlich stark, ist es geopolitisch oft uneinig. Die EU könnte im Hintergrund als eine dritte Macht zwischen den USA und China auftreten, muss sich aber besonders auf strukturelle Herausforderungen konzentrieren. Der große Irrtum in der internationalen Politik liegt doch darin, dass alle mit großen, tollen Zielen ankommen, aber dann irgendwie das Tempo verlieren und sich im besten Fall in Diskussionen verlieren, die länger dauern als der eigentliche große Plan. Natürlich scheint alles sehr wichtig zu sein, aber auch nur solange es keine echte Konsequenz hat. Wer will schon Ergebnisse, wenn es die Diskussion gibt? Oft genug sieht man, dass große Visionen und ambitionierte Ziele in endlosen Verhandlungen und Debatten versanden. Die Rhetorik ist stark und die Absichten groß, doch die Umsetzung bleibt häufig auf der Strecke.

Europa sollte in die Entwicklung und Modernisierung seiner militärischen Ressourcen investieren. Ohne eine eigenständige und moderne militärische Kapazität wird Europa immer sicherheitspolitisch abhängig bleiben, sei es von den USA oder von globalen Entwicklungen, auf die es nur begrenzten Einfluss hat. Eine starke Verteidigung ist der

Schlüssel, um in der Geopolitik ernst genommen zu werden und andere strategische Ambitionen zu verwirklichen. Mit einer europäischen Raketenabwehr wird der Schutz vor ballistischen Bedrohungen weitgehend abgesichert. Wenn auch viel Beobachter gegenüber Atomwaffen skeptisch sind, aber ohne Abschreckung auf Augenhöhe bleibt Europa verwundbar. Ohne Investitionen bleibt Europa abhängig. Eigene Waffen und Cyber-Sicherheit sind essenziell. Eine europäische Strategie ist notwendig. Europa muss sich nicht nur verteidigen, sondern auch weltweit agieren. Dazu gehören die Schaffung einer gemeinsamen europäischen Verteidigungsindustrie sowie die Förderung von Forschung und Entwicklung in der Verteidigungstechnologie.

Ohne Sicherheit als backbone gibt es weder wirtschaftliche Stabilität noch wissenschaftlichen Fortschritt oder individuelle Freiheit. Staaten, die ihre Sicherheit nicht gewährleisten können, verlieren langfristig auch ihre wirtschaftliche Wettbewerbsfähigkeit und geopolitische Einflussmöglichkeiten.

Innere Sicherheit schützt Demokratie und Rechtsstaatlichkeit, ohne funktionierende Polizei, Geheimdienste und Verteidigung gibt es Chaos, Extremismus und Instabilität.Bürgerrechte sind nur möglich, wenn der Staat seine Bevölkerung vor Bedrohungen schützen kann. Ohne Sicherheit funktioniert keine Wirtschaft. Investoren meiden unsichere Länder, politische Unsicherheit führt zu Kapitalflucht und schwächerem Wachstum. Der freie Handel braucht sichere Handelsrouten, ohne geschützte Transportwege kann keine globale Wirtschaft funktionieren. Höhere Verteidigungsausgaben, modernste Technologien und strategische Autonomie sind essenziell. Europa muss selbst Akteur sein, nicht nur reagieren. Europa nimmt das Thema Sicherheit oft so ernst, wie ein Tourist seine Sonnencreme erst, wenn er sich verbrannt hat. Was es wirklich braucht, ist ein Europa, das resilient genug ist, um die ständigen Angriffe auf seine Einheit nicht einfach wegzulächeln.

Die Leistungsbewertung einer konzentrierten europäischen Politik hängt stark davon ab, wie effizient strategische und materielle Ressourcen genutzt werden. In der Theorie sollte eine optimale Allokation dieser Ressourcen dazu beitragen, politische Ziele effektiver zu erreichen, wirtschaftliche Stärke zu sichern und globale Herausforderungen besser zu bewältigen. Ob die EU ihre Ressourcen optimal einsetzt, bleibt noch umstritten.

Die Einrichtung von stabileren, langfristigen Mechanismen zwischen den noch zu formatierenden Großregionen und den EU-Institutionen sollte dazu beitragen, dass politische Entscheidungen schneller und kohärenter getroffen werden. Ein klarerer und kürzerer Entscheidungsweg in den diversen Bereichen könnte die Handlungsfähigkeit der Union steigern. Überall wo Unsicherheit und schnelle Veränderungen auftreten, muss die EU über umfassendes Wissen in Bereichen wie globaler Sicherheit, Geopolitik, Energieversorgung **und** wirtschaftlichen Entwicklungen ihren Beitrag leisten. Das Know-how in der Analyse dieser

Themen ermöglicht es, proaktive Strategien zu entwickeln, anstatt nur reaktiv zu handeln.

Die EU könnte versuchen, Ressourcen besser zu bündeln und gezielt dorthin zu lenken, wo sie den größten Einfluss auf die Erreichung langfristiger politischer und wirtschaftlicher Ziele haben. Das würde nicht nur die Effektivität steigern, sondern auch sicherstellen, dass alle Mitgliedstaaten, insbesondere die wirtschaftlich schwächeren, von einer gezielten Förderung profitieren. Ein weiterer wichtiger Ansatz ist die verstärkte Investition in Forschung und Entwicklung, insbesondere in Bereichen wie grüne Technologie, digitale Transformation und Gesundheitswesen. Diese Sektoren bieten nicht nur langfristiges Potenzial für die wirtschaftliche Entwicklung der EU, sondern auch für ihre internationale Wettbewerbsfähigkeit.

Die EU hat das Potenzial, ein super schlauer globaler Player zu werden, aber manchmal gibt es Tage, an denen sie aussieht wie Schüler, die versuchen, das internationale Diplomatie-Abitur zu bestehen, ohne vorher gelernt zu haben, wie man mit 27 anderen Mitschülern zusammenarbeitet. Wenn sie ihre internen Differenzen überwindet und eine gemeinsame Stimme findet, könnte sie tatsächlich zu einem noch einflussreicheren Akteur auf der globalen Bühne werden.

Wenn wir an internationale Politik denken, scheinen wir uns oft auf den aktuellen Moment zu konzentrieren, als ob wir in einer Art politischem Hyperloop leben würden, der nur im Hier und Jetzt funktioniert. Doch tatsächlich ist Zeit vielleicht der am meisten unterschätzte Faktor, wenn es darum geht, eine effiziente internationale Politik zu gestalten. Ohne die Zeitdimension wäre internationale Politik ein bisschen wie ein Versuch, einen Marathon zu laufen, ohne sich jemals zu fragen, wo der Ziellinie überhaupt ist.

In der realen Welt wird dieser Widerspruch zwischen kurzfristigen politischen Erfolgen und langfristiger Strategie ständig beobachtet. Politiker neigen oft dazu, schnelle Ergebnisse zu erzielen, um ihre Popularität zu steigern ohne dabei dir dringenden Krisen zu lösen. Ohne das Bewusstsein für Zeit, ohne die Fähigkeit, zukünftige Entwicklungen und Konsequenzen zu berücksichtigen, handeln Regierungen oft als ob sie sofort eine Belohnung wollten, ohne sich zu fragen, ob sie auf lange Sicht mehr Schaden als Nutzen anrichten.

Viele der internationalen Beziehungen bestehen aus einem ständigen Zyklus von Krisenmanagement und präventiven Maßnahmen. Doch ohne das langfristige Nachdenken über den zeitlichen Horizont hinaus wird Prävention oft vernachlässigt. Man reagiert auf aktuelle Krisen, ohne die Ursachen von morgen zu adressieren. Es ist, als würde man ein Feuer ständig löschen, während das Feuer immer wieder neu entzündet wird, anstatt die Ursache des Feuers systematisch zu bekämpfen. In der internationalen Politik, wo das Vertrauen, Kooperation und lange Partnerschaften entscheidend sind, können selbst kleine Fehler im Management der Politik katastrophale Folgen haben. Missmanagement manifestiert sich auf verschiedene Arten und oft sind es die unsichtbaren Strukturfehler oder Fehlentscheidungen zu Beginn, die später als große Probleme auftauchen.

Wenn die EU tatsächlich als stabiler, verantwortungsbewusster globaler Akteur agieren will, muss sie sich nicht nur ihrer Macht bewusst sein, sondern auch ihrer Verantwortung, klug koordinierte Entscheidungen zu treffen. Das bedeutet, dass Missmanagement in der Außenpolitik keine Option mehr sein darf, wenn man eine konstruktive Rolle auf der globalen Bühne spielen möchte. Ein zentrales Problem der EU-Außenpolitik ist die Notwendigkeit der Konsensfindung zwischen den Mitgliedstaaten. Im Gegensatz zu anderen globalen Akteuren wie den USA oder China, wo die Außenpolitik in der Regel von einer zentralen Institution gesteuert wird, muss die EU bisweilen einen schwierigen Balanceakt zwischen nationalen Interessen der Mitgliedstaaten und den gemeinsamen Zielen der Union finden. Wenn diese innerstaatliche Vielfalt überbordet, weil kein entsprechendes Management das ganze System steuert, wird es die EU auf Dauer handlungsunfähig machen, besonders in Krisenzeiten.

Die geopolitischen Spannungen zwischen großen Mächten, wie den USA, China und Russland, haben die EU zu einem gewissen Gravitationszentrum in globalen geopolitischen Diskussionen gemacht. In der Vergangenheit hat die EU es vermieden, sich auf die Seite einer bestimmten Macht zu stellen, sondern vielmehr auf Multilateralismus gesetzt. Diese Haltung hat die EU in vielen Bereichen als konstruktiven Vermittler etabliert, besonders in Konflikten wie dem Iran-Atomabkommen oder den Klimaverhandlungen. Nun jedoch steht die EU vor der Herausforderung, ihre Position als globaler Akteur zu stärken, ohne die eigenen Werte zu kompromittieren. Diese

Spannungen führen zu einer schwer fassbaren Balance zwischen wirtschaftlichen Notwendigkeiten und der Verteidigung fundamentaler europäischer Werte.

Die Axiome von Voraussicht, Effizienz und Koordination müssen nicht nur als abstrakte Prinzipien formuliert werden, sondern als handlungsleitende Werte in der gemeinsamen europäischen Außenpolitik verankert werden. Nur so kann die EU ihre Ziele erreichen, Vertrauen aufbauen und ihren Einfluss in einer zunehmend vernetzten und komplexen Welt stabilisieren. Es wird wahrscheinlich noch viele Stolpersteine geben, aber langfristig ist es durchaus möglich, dass die EU ihren Platz als globaler Player festigen kann, wenn sie sich selbst als koordinierten Block versteht, der gemeinsam an einem Strang zieht. Wenn nicht, hat man dann statt einer geeinten Stimme eine wilde Mischung aus schwachen Lippenbekenntnissen und leeren Versprechungen, die von Kleinstat zu Kleinstaat unterschiedlich sind.

Wenn die EU tatsächlich langfristige, tiefgreifende Lösungen entwickeln möchte, dann müssen die strategischen Initiativen nicht nur tief in der Substanz sein, sondern auch so robust, dass sie von populistischen Kräften à la Orban, Le Pen, Kickl oder wie sie alle heißen mögen nicht leicht untergraben oder verzerrt werden können. Es reicht nicht aus, einfach nur gute Ideen zu haben; man muss sie auch so kommunizieren, dass sie nicht von populistischen Kräften zerrissen werden können. Vielleicht ist es an der Zeit, das Publikum zu involvieren und den Bürgern das Gefühl zu geben, dass sie nicht nur Zuschauer, sondern auch Mitgestalter der Aufführung sind. Denn am Ende des Tages sind sie alle Teil dieses großen Schauspiels und es liegt an ihnen, wie die Geschichte weitergeht.

Es müssen Zielvorgaben und Messkriterien festgelegt werden, damit sich niemand einfach mit populistischen Ausreden aus der Verantwortung stehlen kann. Ein langfristiges Programm zur Förderung von Demokratie oder Rechtsstaatlichkeit könnte auf klaren, messbaren

Indikatoren beruhen, etwa der Unabhängigkeit der Justiz oder der Pressefreiheit. Sollte ein Mitgliedstaat plötzlich wieder in autokratische Tendenzen abdriften, könnte die EU diese Mängel direkt benennen und konkrete Schritte zur Wiedereinführung von Standards fordern, ohne dass Politiker wie Orban sagen können: "Das betrifft uns nicht." Eine stärkere Unabhängigkeit des Europäischen Parlaments, der Europäischen Kommission und des Europäischen Gerichtshofs kann dazu beitragen, die von populistischen Kräften angestrebte Politik der Aufweichung zu verhindern.

Es geht um das Bedürfnis, dass aktive und zukunftsorientierte Länder - die Willigen - ihre Kräfte bündeln, um einerseits die Blockaden durch Quertreiber wie Ungarn oder Serbien, die oftmals als bremsende Elemente in der EU oder in internationalen Prozessen wahrgenommen werden, zu überwinden und andererseits eine effektivere, agilere politische Struktur zu schaffen. Keine Parallelstrukturen werden aufgebaut, sondern bestehende Mechanismen verbessert. Erfolgreiche

Vorhaben könnten später von der ganzen EU übernommen werden. Ein Vorzeige-Beispiel für so ein Modell war der Euro, den zunächst nur einige Länder eingeführt haben bis er heute für viele wirtschaftlich agile Staaten zur Normalität geworden ist.

Vorreiter-Länder werden schneller handeln. Projekte in den Bereichen Sicherheit, Technologie oder Energie sind auf diese Weise flexibel umsetzbar. Mehrheitsentscheidungen ersetzen den Einstimmigkeitszwang. Gerade in der Außen- und Sicherheitspolitik darf ein einzelnes Land nicht alles blockieren. Eine qualifizierte Mehrheit sollte ausreichen, um zentrale Entscheidungen zu treffen. Eine ideale Konstellation der Willigen könnte genau das leisten, wenn sie auf Vernunft und Effizienz setzt. Entscheidend wird sein, wie die Planung gestaltet wird, damit sie langfristig die EU als Ganzes stärkt.

Eine Möglichkeit wäre, eine engere Kooperation von Staaten anzutreiben, die bereit sind, die notwendigen

Reformen durchzuführen. Diese Gruppe könnte in Bereichen wie Energiepolitik, digitaler Transformation, Verteidigung und Klimawandel eng zusammenarbeiten, ohne auf die Zustimmung aller Mitgliedstaaten warten zu müssen. Die Idee, Blockierer wie Orban oder Vucic durch gezielte wirtschaftliche Sanktionen oder Anreize zu bewegen, könnte eine Möglichkeit sein, politisch rückständige Positionen zu verändern. Sanktionen wären dann eine direkte Reaktion auf politische Verhinderer, die sich nicht an die gemeinsamen Ziele halten. Gleichzeitig könnten diese Staaten durch strategische Anreize wie Investitionen in Infrastruktur, spezielle Handelsabkommen oder finanzielle Hilfendazu motiviert werden, ihre Positionen zu ändern.

Eine weitere Variante, die bestehenden Blockaden zu überwinden, bestünde darin, neue Formen der Operationalisierung zu schaffen, bei denen Länder nicht unbedingt die vollen Rechte eines EU-Mitgliedsstaates behalten, sondern sich in bestimmten Bereichen langsam an europäische Normen und Werte anpassen. Ein mehrstufiges Modell von Mitgliedschaften oder assoziierten Partnerschaften könnte es ermöglichen, dass EU-Länder, die sich schneller entwickeln möchten, voranschreiten, während andere auf freiwilliger Basis nachziehen.

Es geht darum, den Fokus auf Innovation, Forschung und technologische Entwicklung stärker zu legen und die entsprechenden Kapazitäten und Ressourcen so zu bündeln, dass Europa nicht nur als politische Union, sondern darüber hinaus als führender wirtschaftlicher und technologischer Faktor wahrgenommen wird. Die Schaffung von Innovationsclustern innerhalb Europas wäre eine Strategie sein, um die Wettbewerbsfähigkeit zu stärken.

Es ist zugleich ein großer moralischer Auftrag europäischer Identität, aber einer, der dringend notwendig ist. Politik darf nicht länger durch nationale Blockaden, ideologische Grabenkämpfe oder kurzfristige Machtinteressen ausgebremst werden. Stattdessen braucht es ein sachorientiertes, konstruktives Politik-Management, das sich auf Vernunft, Effektivität und gemeinsame Werte stützt. Was würde mit all den widerspenstigen Bürokraten passieren, die ihr Leben dem Ausformulieren von faulen Kompromissen gewidmet haben, wenn alles reibunglos verlaufen würde? Werden sie von Langeweile zerfressen, wenn plötzlich Entscheidungen in Lichtgeschwindigkeit getroffen werden? Dann müssen sie wohl endlich wieder geradeaus denken oder sich frische Verschwörungstheorien besorgen, um nicht völlig auf dem Trockenen zu sitzen. Man stelle sich vor, dass Gesetze tatsächlich umgesetzt werden, bevor sie von immer denselben Nörglern zerredet werden. Was wird aus den Journalisten, die sich darauf spezialisiert haben, „EU-Irrsinn" in Schlagzeilen zu pressen? Die Blockierer werden sich neue Wege suchen, um mit heißer Luft die Mühlen des Stillstands am Laufen zu halten. Schließlich ist Verhinderungskunst eine hohe Kunst und in Europa eine Tradition, die selbst die beste Demokratie nicht so leicht abschütteln kann.

Wer sich weigert, europäische Rechtsstaatlichkeit einzuhalten oder Europa weiterzuentwickeln, darf auf finanzielle Solidarität verzichten. Wer das nicht versteht, darf sich in seiner kulturlosen, rückständigen Blockadehaltung sonnen, aber ohne die Vorteile einer modernen, vernünftigen Union. Doch die wahre Herausforderung ist, wie man die Kulturlosigkeit des Nationalismus aus den Köpfen heraus bekommt. Ein Klassiker der Skeptiker-Fraktion ist der Satz: *„Früher hatten wir unsere eigene Identität."* Früher, als das Reisen noch eine logistische Meisterleistung war, Telefonieren ein Luxusgut und der Geschmack von Kaffee an alte Schuhe erinnerte. Der globale Fortschritt hat uns ein paar ziemlich coole Sachen gebracht, oder? Zum Beispiel bezahlbare Zahnbehandlungen und W-LAN in der Bahn. Am Ende bleibt die Frage: sind wir bereit, die „Hinten Hängen Gebliebenen" zu erziehen? Vielleicht ist der wahre Schlüssel zur europäischen Identität ja nicht das Verurteilen der Rückständigen, sondern das Verständnis, dass Kultur ein Prozess ist und dass wir alle, in irgendeiner Form, ein Stück weit kulturlos sein können.

Die Idee, neue Formate zu etablieren, um schlecht geführte Länder in ihrer Rolle als Blockierer zu konfrontieren und gleichzeitig den Rest der Union voranzutreiben, hat viel Potenzial. Eine solche Strategie würde es Europa ermöglichen, flexibel zu reagieren und sich von der Behäbigkeit der langsamen Entscheidungsprozesse zu befreien, die in einer Union mit so unterschiedlichen politischen und wirtschaftlichen Interessen manchmal entstehen. Diese Art von Dynamik und Führung ist entscheidend, um die innovativen und zukunftsorientierten Ziele zu verfolgen.

Will Europa seine Position als globaler Akteur ernst nehmen, brauchen seine Institutionen ein professionelles Issue-Management auf höchster Ebene, das nicht nur reaktive Krisenbewältigung betreibt, sondern schon proaktiv die Problemfelder analysiert, bevor sie überhaupt auf dem Radar auftauchen. Issue-Management muss mit einem intelligenten Frühwarnsystem ausgestattet sein, das die EU in die Lage versetzt, weltweite Entwicklungen und interne Spannungen frühzeitig zu identifizieren. Das bedeutet nicht nur, auf politische oder wirtschaftliche Krisen zu reagieren, sondern die Stolpersteine potenziellen zu erkennen, bevor sie zu echten Kollisionspunkten werden.

Während andere Mächte die Welt nach ihren Interessen formen, steckt Europa oft noch in endlosen Debatten fest, weil einige Parteipolitiker in ihrer eigenen kleinen Realität verharren. Zukunftsorientierte Strategien werden gerne so lange zerredet, bis die Zukunft bereits eingetreten ist. Schnelle Reaktionsfähigkeit schlägt nur an, wenn sie nicht zu unbequem wird. So bleibt Europa verwundbar, nicht weil es muss, sondern weil es sich durch seine eigene Schwerfälligkeit selbst lähmt.

Wie weit wäre schon die EU ohne das ewige Tauziehen zwischen gemeinschaftlichem Fortschritt und nationalistischen Bremsklötzen? Während die Welt sich weiterdreht, klammern sich einige Akteure lieber an vergangene Souveränitätsfantasien, als die Realität einer global vernetzten Politik anzuerkennen. Sie schätzen Solidarität nur dann, wenn sie den eigenen Interessen dient. Gemeinsame Strategien werden akzeptiert, solange sie nicht zu sehr in nationale Befindlichkeiten eingreift. So bleibt die EU oft weniger ein kraftvoller Akteur als eine Diskussionsrunde, in der jeder seine Sonderwünsche anmeldet.

Werden Bildung, interkultureller Austausch und die Förderung rationaler Mechanismen dazu ausreichen, den Einfluss von Nationalismus zu verringern und ein stärkeres Gefühl der Gemeinschaft zu schaffen? Das wäre die Idealvorstellung. Allerdings zeigt die Realität, dass Nationalismus nicht aus rationalen Überlegungen, sondern aus gezielten politischen Narrativen gespeist wird. Die Frage ist nur, ob Demokratien stark genug sind, sich dagegen zu wehren oder ob sie sich am Ende als hübsche Fassade für die Interessen der radikalen Extremisten entpuppen – auch in Europa.

Sobald die Probleme erkannt sind, ist es entscheidend, Maßnahmen zu entwickeln, die nicht nur oberflächlich sind, sondern tatsächlich die Wurzeln der Probleme angehen. Programme sollten nicht nur kurzfristige Lösungen bieten, sondern langfristig angelegte strategische Initiativen, die sowohl die Einheit der EU stärken als auch ihre globale Position verbessern. Die Herausforderungen in den internationalen Beziehungen erfordern ein umfassendes und langfristiges Handeln der EU. Durch die Entwicklung strategischer Initiativen, die sowohl die Einheit der EU stärken als auch ihre globale Position verbessern, sollte die EU nicht nur bestehende Probleme angehen, sondern auch als stabilisierender Faktor in einer unsicheren Welt agieren. Daher ist es unerlässlich, dass die zu treffenden Maßnahmen nicht nur oberflächlich, sondern tief in den strukturellen und gesellschaftlichen Gegebenheiten verwurzelt sind, um nachhaltige Veränderungen zu bewirken.

Oft ist es die politische Rhetorik, die den Nationalismus nährt. Ihre politischen Akteure nutzen Ängste und Unsicherheiten, um populistische Narrative zu verbreiten, die oft auf Sündenböcke abzielen und eine „Wir gegen die"-Mentalität fördern. In solchen Kontexten reichen Bildung und interkultureller Austausch allein nicht aus, um den zerstörerischen Einfluss zu mindern. Es bedarf auch einer starken Zivilgesellschaft, die bereit ist, sich aktiv gegen diese Strömungen zu stellen, sowie politischer Institutionen, die demokratische Werte verteidigen und die Rechte der Bürger auf allen Seiten schützen.

16. REAKTIONEN EINER FREIEN GESELLSCHAFT

Wie reagiert denn der demokratische Westen, wenn an den Hot-Spots der Politik die Justiz unterspült wird, die Gewaltenteilung ausgehebelt und schwerste Verbrechen willkürlich straffrei bleiben? 2025 erleben wir in den USA eine politische Reality-Show, in der die Grundpfeiler der Demokratie auf eine harte Belastungsprobe gestellt werden. Die Gewaltenteilung wird immer mehr zur Auslegungssache, die Justiz, Je nach politischer Lage entweder heilig oder „eine korrupte Hexenjagd". Straffreiheit für mächtige Akteure ist nur mehr eine Frage der richtigen Partei, der passenden Narrative und des Geldes.

Besonders bemerkenswert ist die Doppelmoral: wenn andere Länder ihre Justiz untergraben, mahnen die USA lautstark Demokratie und Rechtsstaatlichkeit an. Doch wenn es im eigenen Land passiert , sei es durch politische Einflussnahme auf Verfahren, gezielte Aushöhlung demokratischer Institutionen oder das offene Infragestellen von Wahlergebnissen, dann wird das entweder verharmlost oder als normale politische Auseinandersetzung verkauft.

Bleibt die US-Demokratie ein robustes System, das diese Krisen übersteht? Oder entwickelt sie sich zunehmend zu einer politischen Seifenoper, in der Recht und Gerechtigkeit weniger von Prinzipien als von parteipolitischer Opportunität abhängen? Die kommenden Jahre werden es zeigen, aber es sieht nicht gerade nach einer Werbekampagne für stabile Demokratien aus.

Europa reagiert wie so oft mit einer Mischung aus betretenem Schweigen, diplomatischen Floskeln und gelegentlichen mahnenden Worten, die niemanden wirklich beeindrucken. Einerseits würde man natürlich gerne klare Kante gegen die demokratischen Erosionen in den USA zeigen. Andererseits ist man wirtschaftlich und sicherheitspolitisch viel zu abhängig, um sich ernsthaft mit Washington anzulegen. Also laviert man sich durch. Mal gibt es besorgte Kommentare zur Rechtsstaatlichkeit, dann wieder demonstrative Freundschaftsbekundungen, weil man die transatlantische Partnerschaft ja nicht gefährden möchte.

Der eigentliche Knackpunkt? Europa sieht die Probleme in den USA, aber es fehlt ihm an eigener strategischer Stärke, um sich als echte Alternative zu positionieren. Statt selbstbewusst als globale Macht aufzutreten, bleibt es ein Zuschauer, der hofft, dass sich die Krise von selbst löst, während man sich weiter über Abhängigkeiten von einem Partner definiert, dessen demokratische Stabilität zunehmend fragwürdig wird. Kurz gesagt: Viel Gerede, wenig Handlung, auch ein Klassiker der zukünftigen europäischen Außenpolitik?

Während Europa zögert und abwartet, ob die US-Demokratie langfristig stabil bleibt, wird es selbst immer verwundbarer. Ohne eine eigenständige strategische Position bleibt es abhängig von den Entscheidungen einer Großmacht, die zunehmend mit sich selbst beschäftigt ist. Falls sich die politische Lage in den USA weiter zuspitzt, könnte Europa schneller als gedacht vor der unangenehmen Realität stehen, dass es keinen verlässlichen Partner mehr hat und dann bleibt die Frage: Hat man bis dahin die eigene Stärke entwickelt oder steht man dann völlig unvorbereitet da?

Genau, es geht darum, nicht in Angst zu verharren, sondern aktiv zu werden. Die großen Themen wie Sicherheit, Wirtschaft und Forschung sind seit langem zentral, und mit der Zeit gewinnen sie nur an Bedeutung. Anstatt sich von Herausforderungen einschüchtern zu lassen, sollte Europa pragmatisch und kooperativ handeln, um Lösungen zu finden und weiter voranzukommen.
Die Frage der Sicherheit, sei es in Bezug auf Cyberangriffe, geopolitische Spannungen oder innere Konflikte, erfordert eine verstärkte Zusammenarbeit zwischen den

europäischen Ländern. Nur durch eine gemeinsame Strategie und den Austausch von Ressourcen und Informationen kann Europa sich effektiv schützen.

Im Bereich der Wirtschaft geht es nicht nur um den Binnenmarkt, sondern auch um den globalen Wettbewerb. Europa muss sich weiterhin als Innovations- und Technologiestandort behaupten, insbesondere durch Forschung und Entwicklung. Diese Themen sind interdependent und erfordern sowohl kurzfristige als auch langfristige Maßnahmen, um die Wettbewerbsfähigkeit Europas zu sichern und den Wohlstand zu steigern. Die Forschung spielt dabei eine zentrale Rolle. Sie ist der Motor für Innovationen und hilft, Lösungen für die drängenden Herausforderungen wie den Klimawandel, die Energieversorgung und die Digitalisierung zu finden. Europa hat hier das Potenzial, eine führende Rolle einzunehmen, wenn es gelingt, seine Ressourcen besser zu bündeln und strategisch in zukunftsweisende Technologien zu investieren.

17. ERHOFFTE ZUKUNFT

Europa muss endlich strategisch erwachsen werden. Das bedeutet: weniger Abhängigkeit, mehr Eigenständigkeit und die Fähigkeit, eigene Interessen konsequent zu vertreten. Die EU muss ihre eigene Sicherheitsarchitektur stärken, sei es durch eine bessere Koordination der Verteidigungspolitik, den Ausbau gemeinsamer Streitkräfte oder die Entwicklung einer ernstzunehmenden Luft- und Cyberverteidigung. Ohne Abschreckungsfähigkeit bleibt Europa verwundbar. Die USA dürfen nicht für immer sagen dürfen, dass Europa auf sie angewiesen ist. Das ist die erfrischende Perspektive für die Zukunftsthemen Europas.

Die Abhängigkeit von den USA und auch von China in strategischen Industrien wie Halbleitern, Energie und Technologie muss reduziert werden. Europa braucht eigene Innovationskraft, eine gezielte Industriepolitik und den Mut, kritische Infrastruktur zu schützen, statt sie an globale

Märkte zu verkaufen. Die EU muss klare Linien ziehen, sowohl gegenüber den USA als auch gegenüber anderen autoritären Regimen. Das bedeutet, sich nicht von transatlantischen Verwerfungen treiben zu lassen, sondern selbstbewusst für Demokratie und Rechtsstaatlichkeit einzustehen. Wer sich nur als Juniorpartner versteht, bleibt Spielball anderer Mächte.

Die Bedrohung für die Demokratie kommt nicht nur von außen, sondern auch von innen. Europa muss sich aktiv gegen extremistische, populistische und antidemokratische Strömungen wehren. Dazu gehören Medienkompetenz, Bekämpfung von Desinformation und ein klarer Kurs gegen rechtsstaatliche Aushöhlung in den Mitglieds-Ländern. Weniger Lamentieren, mehr Handeln. Europa hat die Mittel und das Potenzial. Es muss sich nur entscheiden, sie auch zu nutzen. Es fehlt noch an Mut, Konsequenz und Entschlossenheit. Die Frage ist nicht mehr, ob Europa souveräner werden muss, sondern ob es das schnell genug schafft, bevor sich die geopolitischen Rahmenbedingungen noch weiter verschärfen.

Die richtige und rasche Bewertung steht im Vordergrund. Die strategischenFragen sind mit den taktischen nicht zu vermengen, wohl miteinander konstruktiv zu verbinden. Wir greifen nach den Methoden einer in Zukunft enorm wichtigen Wissenschaft, die noch stark unterschätzt wird. Sie wird aber im Endeffekt zur effizienten Umsetzung von Plänen beitragen.

Die Fachgebiete der Evaluierung und des Assessments haben in den letzten Jahren zunehmend an Bedeutung gewonnen und beeinflussen verschiedene gesellschaftliche Bereiche auf politische, soziologische und psychologische Weise. In der Internationalen Politik dienen Evaluierungen dazu, die Effektivität und Effizienz öffentlicher Programme und Maßnahmen zu bewerten. Sie ermöglichen es, fundierte Entscheidungen über die Fortführung, Modifikation oder Beendigung von Initiativen zu treffen.

Durch die systematische Analyse von Programmen können politische Entscheidungsträger besser verstehen, welche Maßnahmen erfolgreich sind und welche nicht, was zu einer effektiveren Ressourcenallokation führt.

Was wäre eine globalisierte Welt, in der Evaluierungen und Assessments in der Politik nicht existierten? Ohne diese Instrumente wären politische Entscheidungen wie ein Würfeln im Dunkeln, blind und zufällig. Ohne fundierte Analysen und Bewertungen könnten alle Player Programme und Maßnahmen einführen, ohne zu wissen, ob sie tatsächlich effektiv sind oder nur Ressourcen verschwenden. Politische Entscheidungen würden auf unzureichenden Informationsgrundlagen getroffen, was zu ineffizienten Maßnahmen und Ressourcenverschwendung führen würde .Ohne diese Instrumentarien wären die Auswirkungen politischer Programme schwer nachvollziehbar. Regierungen und internationale Organisationen hätten Schwierigkeiten, die Wirksamkeit ihrer Interventionen zu beurteilen und notwendige

Anpassungen vorzunehmen. Die Überprüfung, ob gesetzte Ziele erreicht wurden, wäre kaum möglich. Evaluationen spielen eine wichtige Rolle bei der Legitimierung und Transparenz politischer Prozesse.

Evaluierungen und Assessments ermöglichen ein tieferes Verständnis von sozialen Prozessen und Strukturen. Sie helfen, die Auswirkungen von Programmen auf verschiedene Bevölkerungsgruppen zu analysieren und soziale Ungleichheiten zu identifizieren. Durch die systematische Sammlung und Auswertung von Daten können soziale Phänomene besser verstanden und gezielte Maßnahmen zur Förderung des sozialen Zusammenhalts entwickelt werden.

Psychologisch gesehen bieten Assessments wertvolle Einblicke in individuelle und kollektive Verhaltensweisen. Sie ermöglichen es, die Auswirkungen von Programmen auf das Wohlbefinden und die Motivation von Individuen zu messen. Darüber hinaus können sie helfen, psychologische

Barrieren zu identifizieren, die den Erfolg von Initiativen beeinträchtigen, und Interventionen zu entwickeln, die das Engagement und die Zufriedenheit der Beteiligten fördern.

Evaluierungen und Persönlichkeits-Assessments tragen in einem internationalen Rahmen wesentlich dazu bei, systemische Risiken, wie Blackouts in den Bereichen Sicherheit, Freiheit und Wirtschaft zu erkennen und zu verhindern. Während Evaluierungen die kontinuierliche Anpassung und Verbesserung von Krisenmanagementstrategien ermöglichen, sichern Persönlichkeits-Assessments die Auswahl von Führungskräften, die in der Lage sind, in kritischen Momenten entschlossen zu handeln. Zusammen bilden diese Instrumente ein starkes Fundament für eine widerstandsfähige und zukunftsorientierte internationale Sicherheits- und Krisenarchitektur. Ein offener Blick für Veränderungen erfordert also nicht nur das Hinterfragen bestehender Paradigmen, sondern auch eine kontinuierliche Evaluation, um flexibel auf neue geopolitische und geoökonomische Herausforderungen zu reagieren. Wie wichtig es doch ist, Effizienz-optimal in der internationalen Entscheidungsfindung zu agieren. Es erfordert ein Zusammenspiel mehrerer strategischer Elemente, die sowohl technologische, organisatorische als auch interkulturelle Dimensionen abdecken. Durch die Anwendung standardisierter Kriterien wie Relevanz, Effektivität, Effizienz, Wirkung und Nachhaltigkeit ermöglichen Evaluierungen eine umfassende Bewertung und Vergleichbarkeit von Interventionen. Dies ergibt eine effektivere Ressourcenallokation und ein besseres Verständnis für erfolgreiche Maßnahmen. Wie wichtig es doch ist, bei der internationalen Entscheidungsfindung verschiedene strategische Elemente zu berücksichtigen, die Technologie, Organisation und interkulturelle Aspekte umfassen. Wenn diese Elemente zusammenarbeiten, können die Entscheidungen effizienter und effektiver gestaltet werden. Durch diese systematische Herangehensweise können Ressourcen effizienter verteilt werden und es entsteht ein besseres Verständnis dafür, welche Maßnahmen tatsächlich erfolgreich sind. In diesem Zusammenhang spielt die Fähigkeit, kulturelle Unterschiede zu berücksichtigen, eine wesentliche Rolle. Eine durchdachte und interdisziplinäre Perspektive ist entscheidend, um die Komplexität internationaler Entscheidungen zu meistern.

Gravierende Entscheidungen werden häufig nicht in dem Moment als richtig erkannt, in dem sie getroffen werden, vielmehr offenbart sich ihre Richtigkeit oft erst im Nachhinein, wenn sich die langfristigen Auswirkungen zeigen. Dieser Erkenntnisprozess lässt sich in mehreren Dimensionen beobachten. Fehler in Entscheidungsprozessen sollten nicht als starre Beschränkungen wirken, sondern vielmehr als wertvolle Hinweise, die zu einer kontinuierlichen Verbesserung führen können. Die Leistungsgesellschaft muss auch mit Verantwortung umgehen können. Effiziente Entscheidungen müssen neben kurzfristigen Ergebnissen auch langfristige Auswirkungen auf das Gemeinwohl und die Umwelt einbeziehen. Verantwortung entsteht dabei durch transparente und partizipative Prozesse, in denen nicht nur wirtschaftliche, sondern auch gesellschaftliche Kriterien gewichtet werden.

Die Banalisierung von Problematiken, also das Herunterspielen oder Verharmlosen von Herausforderungen, kann in vielen Kontexten schwerwiegende Folgen haben. Wenn Probleme nicht ernst genommen werden, unterbleiben die notwendigen Korrekturmaßnahmen und Lernprozesse. Das Resultat ist eine fehlende Bereitschaft, aus Fehlern zu lernen, wodurch Risiken dauerhaft bestehen bleiben oder sogar wachsen können. Wird ein Problem als unbedeutend abgetan, so wurde es oft nicht ausreichend analysiert. Dadurch gehen wichtige Erkenntnisse verloren, die, wenn sie systematisch erfasst würden, zu einer Verbesserung von Prozessen und Sicherheitsstandards führen könnten. Es ist, als würde man ein Leck im Boot ignorieren, während man fröhlich vor sich hin rudert und irgendwann wird das Wasser die oberste

Kante erreichen und die Party ist vorbei. Es ist wichtig, die Warnsignale ernst zu nehmen und aktiv Verantwortung zu übernehmen, um langfristige Lösungen zu finden und zukünftige Krisen zu vermeiden.

Die internationale Ordnung ist oft von einem Spannungsfeld zwischen idealistischen Prinzipien und pragmatischen Realitäten geprägt. Auf der einen Seite gibt es völkerrechtliche Normen und Menschenrechte, die universell gelten sollten. Auf der anderen Seite zeigt die Realität, dass Machtverhältnisse und nationale Interessen oft die Oberhand gewinnen. Ist die regelbasierte Ordnung ein System, in dem sich alle Staaten an gemeinsam vereinbarte Regeln halten, es sei denn, es passt gerade nicht in ihre Agenda? Man könnte fast meinen, die Regeln seien dazu da, gebrochen zu werden, aber natürlich nur von denjenigen, die es sich leisten können. Dann wäre die internationale Ordnung weniger ein festes Regelwerk, als vielmehr ein flexibles Konstrukt, das je nach Bedarf angepasst wird. Ist es nicht eine beeindruckende Leistung der internationalen Gemeinschaft, die es schafft, Prinzipien und Pragmatismus so elegant miteinander zu verweben. Trotz der Herausforderungen, die durch geopolitische Spannungen und protektionistische Tendenzen entstehen, bleibt die regelbasierte Ordnung ein unverzichtbares Fundament für die internationale Zusammenarbeit und den globalen Fortschritt. Ihre Zukunft hängt jedoch von der Bereitschaft der internationalen Gemeinschaft ab, diese Prinzipien zu verteidigen und weiterzuentwickeln.

Man stelle sich vor, die Weltwirtschaft wäre ein riesiges, chaotisches Basarfest, bei dem jeder Händler seine eigenen Regeln aufstellt. Anstatt sich an internationale Handelsabkommen zu halten, würde jeder Staat seine eigenen Zölle und Vorschriften erfinden, als ob es ein Wettbewerb wäre, wer die meisten Handelsbarrieren aufbauen kann. Das Ergebnis? Ein globaler Handelskrieg, bei dem niemand gewinnt, aber alle verlieren. In der Politik würde das Fehlen einer regelbasierten Ordnung dazu führen, dass Staaten ihre eigenen Interessen ohne

Rücksicht auf internationale Normen verfolgen. Ohne klare Regeln in der Wissenschaft könnten Forschungsergebnisse manipuliert oder zurückgehalten werden, um nationale Interessen zu schützen. Statt einer offenen und transparenten Zusammenarbeit würde Misstrauen und Isolation die wissenschaftliche Gemeinschaft prägen. Die Weltgemeinschaft müsste sich dann fragen, ob sie wirklich in einem Dschungel leben möchte, in dem jeder für sich selbst kämpft, oder ob sie nicht doch lieber in einer Welt leben möchte, in der Regeln und Zusammenarbeit die Grundlage für Frieden und Wohlstand sind.

Die Zukunft Europas ist weder amerikanisch noch chinesisch, oder das politische Europa wird aus der Geschichte verschwinden. Ea wird davon abhängen, wie gut es in der Lage ist, seine einzigartigen Merkmale zu bewahren und gleichzeitig proaktiv auf die sich verändernden globalen Dynamiken zu reagieren. Der Wandel muss konstruktiv und kontinuierlich vollzogen werden. Wer sich das nicht traut, wird zu Boden fallen und schwerlich wieder aufrichten.

18. MENTALER TURN-AROUND

Frische Luft kommt in die Europäische P olitik herein, wenn etwa deutsche, französisch sprechende oder polnische, italienisch sprechende oder spanische, griechisch sprechende Akteure etc. ihr Charisma und Wissen spielen lassen. Als Grundlage müssen sie laut Assesments auch ein gutes Auge für Investitionen und wirschaftlichen Austausch haben. Die verschiedenen Player aus unterschiedlichen Ländern, die ihre kulturellen und sprachlichen Hintergründe einbringen, können dazu beitragen, innovative Lösungen für aktuelle Probleme zu finden.

Die internationale Politik darf sich nicht nur auf das bloße Beschreiben von Zuständen oder das Regieren von Ländern beschränken, sondern sollte aktiv Lösungen entwickeln und vorantreiben. Es geht darum, ein proaktives Handeln zu fördern, das über die traditionellen politischen Instrumente hinausgeht und konkrete Veränderungen anstrebt. In diesem Sinne könnte die politische Arbeit auch mehr auf den Aufbau von globalen Partnerschaften, innovativen Allianzen und konkreten Projekten ausgerichtet sein. Das erfordert nicht nur politisches, sondern auch gesellschaftliches Umdenken und das Aufbrechen von festgefahrenen Denkmustern. Vielleicht ist es genau dieser Moment des Umdenkens, der irgendwann dazu führt, dass echte Veränderungen möglich werden.

Natürlich gibt es die Versuchung, den alten Wegen zu folgen, die in der Vergangenheit scheinbar ein gewisses Maß an Stabilität vorgegaukelt haben. Aber zu kapitulieren und den Herausforderungen nicht aktiv zu begegnen, würde bedeuten, den eigenen politischen Einfluss aufzugeben und die geopolitischen Kräfte, die sich gerade entfalten, einfach geschehen zu lassen, anstatt sie mit zu gestalten.

Der Kampf gegen destruktive Kräfte, seien es geopolitische Spannungen, Extremismus oder andere Bedrohungen, ist alles andere als einfach. Die Herausforderungen, vor denen

Europa steht, erfordern eine kollektive Anstrengung auf vielen Ebenen. In sämtlichen Bereichen muss Europa als Ganzes eine starke, kohärente Antwort entwickeln. Die nationale Sicherheit jedes Landes kann nicht mehr isoliert betrachtet werden, wenn die Bedrohungen grenzüberschreitend sind. Hier kommt der Aspekt der gemeinsamen europäischen Sicherheitsarchitektur ins Spiel. Auch wenn jedes Land seine eigenen Prioritäten hat, muss die Zusammenarbeit in Sicherheitsfragen intensiviert werden, um eine starke, vereinte Front gegen jegliche destruktiven Kräfte zu bilden. Das bedeutet, dass Europa auf mehreren Ebenen enger zusammenarbeiten muss, von der Sicherheits- und Verteidigungspolitik bis hin zur Terrorismusbekämpfung und der Bekämpfung von Desinformation.

Konsensfähigkeit in der internationalen Politik lässt sich nicht ohne Führungsfähigkeit erreichen. Wenn eine große Union oder ein Bündnis tatkräftiger Allianzen alle unterschiedlichen Interessen und Bedürfnisse harmonisieren möchte, braucht es ein Team mit dem Verständnis für klare und starke Führung. Ohne Führung bleibt der politische Prozess oft in einem unentschlossenen, zögerlichen Zustand stecken, was dazu führt, dass keine Entscheidungen getroffen werden und wichtige Herausforderungen weiterhin ungelöst bleiben.

Die Weltpolitik ist komplex und geprägt von einer Vielzahl an Interessen, ob nun in wirtschaftlichen, sicherheitspolitischen oder gesellschaftlichen Fragen. Ein stabiler Konsens entsteht nicht einfach aus einer Sammlung von Meinungen, die alle Seiten zufriedenstellen, sondern aus einer klaren, langfristigen Vision, die die Führungspersönlichkeiten mit Überzeugung und Engagement vorantreiben. Dies verlangt auch geschickt un präzise, Widerstände zu überwinden.

Wie finden wir in einer Zeit, in der sich globale Machtverhältnisse verändern und viele Akteure um Einfluss kämpfen, Führungspersönlichkeiten, die diese Fähigkeiten besitzen? Und, vor allem, wie sorgen wir dafür, dass ihre Führung auf langfristige Lösungen ausgerichtet ist und nicht nur auf kurzfristige politische Ziele? Konsensfähigkeit in der internationalen Politik ist ein bisschen so wie das Jonglieren mit brennenden Fackeln, es erfordert nicht nur Geschick, sondern vor allem eine starke Hand, die das Ganze zusammenhält, bevor es in Flammen aufgeht. Ohne klare Führung verweilen die internationalen Akteure eher in einem Zustand des permanenten Wartens. Es ist fast wie in einem politischen Schachspiel, bei dem jeder Spieler seine Figuren bewegt, aber niemand wagt, den König in Gefahr zu bringen. So bleibt der politische Prozess in einem unentschlossenen Dämmerzustand gefangen, während die Herausforderungen, die wirklich zählen, unbeachtet in der Ecke sitzen und darauf warten, dass jemand die Initiative ergreift. Es braucht eine klare Vision und eine Führung, die nicht nur überzeugt, sondern auch die Fähigkeit hat, Widerstände mit Geschick und Präzision zu überwinden.

Zunächst einmal ist es wichtig zu erkennen, dass solche

Führungspersönlichkeiten nicht einfach vom Himmel fallen. Sie müssen nicht nur die Fähigkeit haben, zwischen unterschiedlichen Interessen und Perspektiven zu navigieren, sondern auch die Bereitschaft, schwierige, oft unbequeme Entscheidungen zu treffen. Das bedeutet, dass diese Führungspersönlichkeiten sowohl Charisma als auch die Fähigkeit zur Empathie benötigen, um das Vertrauen der unterschiedlichen Akteure zu gewinnen und einen Dialog zu schaffen, der auf Zusammenarbeit ausgerichtet ist.

In einer Zeit, in der populistische und nationalistische Strömungen wiedererstarken, ist es noch schwieriger, Führungs-Persönlichkeiten zu finden, die bereit sind, das große Bild zu sehen und langfristige Lösungen voranzutreiben. Ein weiterer wichtiger Aspekt ist, wie wir die nächste Generation von Führungspersönlichkeiten darauf vorbereiten, die Herausforderungen einer globalisierten, sich schnell verändernden Welt anzugehen. Es geht nicht nur darum, charismatische Redner zu finden, sondern auch darum, Führungspersönlichkeiten zu entwickeln, die die Fähigkeit besitzen, im globalen Kontext Verantwortung zu übernehmen, ethisch zu handeln und komplexe, vielschichtige Probleme zu lösen. Der Weg dahin könnte durch eine Kombination aus Bildung, interdisziplinärer Zusammenarbeit und einem klaren politischen Willen auf allen Ebenen führen. Es wäre wichtig, Führungspersönlichkeiten zu rekrutieren, die von einem globalen Verantwortungsgefühl geprägt sind, die erkennen, dass ihre Entscheidungen nicht allein ihr Land betreffen, sondern Auswirkungen auf die gesamte Weltgemeinschaft haben.

Die Zeiten-Änderung hat eine unvermeidliche Ernsthaftigkeit. Die schwierigen Schritte darin müssen erst einmal gelernt werden, so wie es auch im Sport üblich ist. Die schnellen Schritte in Richtung einer kräftigen Allianz Europas mit neuen Partnern müssen zügig in einem Mehrstufenplan erfolgen. In einem ersten Panel der potenten Verteidigungspartner stünde Kanada an oberster

Stelle der Liste. Parallel dazu würden in einem Netzplan die Nutzung der Korrelationen in der Forschung der Weltraumtechnologien angegangen werden. Auf dem weiteren Raster finden sich Indien und die VAR. Und wiederum synchron dazu sind die Welthandels-Ressourcen mit Partnern aus dem Globalen Süden einzusetzen. Als finanzieller Deckmantel des ganzen Konstrukts dient die Restrukturierung des Investment-Systems. Zweckmäßig wäre es, die Funktionalität des Euro auszuweiten.

Die geopolitische Landschaft erfordert, dass Europa sich nicht nur defensiv absichert, sondern aktiv neue Bündnisse eingeht. Ein erster Schritt dieser Neuausrichtung wäre eine enge Kooperation mit starken Verteidigungspartnern außerhalb Europas. Eine strategische Sicherheitsarchitektur Europas kann nicht allein innerhalb der EU gedacht werden. Die Sicherstellung nachhaltiger Handelsstrukturen ist für Europa essenziell, um in der geopolitischen Konkurrenz mit China und den USA nicht ins Hintertreffen zu geraten. Die Zusammenarbeit mit ressourcenreichen Ländern Afrikas,

Südamerikas und Südostasiens kann durch eine solche strategische Investitionspolitik intensiviert werden.

Die Zeiten ändern sich unausweichlich, und Europa muss sich dieser Realität mit strategischer Ernsthaftigkeit stellen. Die beschriebenen mehrstufigen Maßnahmen von Verteidigungsallianzen über Technologiepartnerschaften bis hin zu Handels- und Finanzreformen sind notwendig, um Europas strategische Unabhängigkeit abzusichern. Der Erfolg eines solchen Plans hängt davon ab, wie konsequent und koordiniert die Umsetzung erfolgt. Denn nur mit klaren Schritten, durchdachten Partnerschaften und einer resilienten Finanzstruktur kann Europa die Herausforderungen von den USA, Russland und China Paroli bieten.

Staaten oder Völker können erpresst werden, wenn sie in einer geopolitisch oder wirtschaftlich abhängigen Position sind, militärisch schwächer sind oder interne Instabilität erleben. Erpressung erfolgt oft durch Drohungen, Druck oder die Aussicht auf Konflikte, um politische, wirtschaftliche oder strategische Ziele durchzusetzen. Länder sind in solchen Situationen bereit, Zugeständnisse zu machen, um Krieg zu vermeiden oder ihre eigene Stabilität zu sichern.

Es ist fast schon ein Kunststück, wie Länder bereit sind, Zugeständnisse zu machen, als ob sie ein Spiel spielen, bei dem sie ihre eigenen Interessen kurzerhand auf die Bank setzen, nur um den Frieden zu wahren oder ihre eigene Stabilität zu sichern. Wäre es nicht einfacher, einfach „Nein" zu sagen? Doch stattdessen sieht man oft, wie diese Staaten sich dem Druck beugen, ein bisschen wie der klassische Schüler, der sein Pausenbrot hergibt, um nicht gehänselt zu werden. Ironischerweise könnte man sagen, dass das Streben nach Frieden manchmal mehr nach einem Feilschen auf dem Basar aussieht als nach ernsthaften Verhandlungen zwischen souveränen Staaten.

Die Menschenrechte sind wichtig, solange sie nicht die eigenen wirtschaftlichen Interessen gefährden. Ein autoritärer Staat, der bereit ist, Handelsverträge zu unterzeichnen oder Rohstoffe zu liefern, wird plötzlich zum geschätzten Partner, während die Missachtung der Menschenrechte wie ein lästiger Beipackzettel betrachtet wird, den man ignorieren kann.

In der Praxis der internationalen Politik scheinen moralische Werte häufig unter geopolitischen Interessen zu leiden. Ein Land, das sich öffentlich für Menschenrechte und Demokratie einsetzt, kann gleichzeitig mit autoritären Regimen wirtschaftliche und strategische Allianzen bilden, ganz einfach, weil es wirtschaftliche oder militärische Vorteile erhofft. So werden universelle Werte schnell relativiert, wenn es darum geht, Geschäfte zu machen oder sich gegen einen gemeinsamen Feind zu stellen.

Westliche Demokratien betonen gerne die Werte der Freiheit und Menschenrechte, solange sie nicht mit ihren eigenen Interessen in Konflikt geraten. Sollte sich ein autoritärer Staat als wirtschaftlicher Partner anbieten, ist es plötzlich gar nicht mehr so schlimm, dass dieser die Menschenrechte mit Füßen tritt. Es erinnert an den Spruch: „moralische Werte sind wie die Regeln eines Spiels, sie gelten nur, solange es für alle gut ausgeht." Offenbar gilt in der freien Welt die eiserne Regel, Moral sei wichtig, aber doppelter Standard ist besser.

Die Heuchelei ist offensichtlich, aber die Frage ist, ob es echte Konsequenzen gibt. Verstöße bleiben folgenlos, weil wirtschaftliche oder politische Interessen über ethischen Prinzipien stehen. Dennoch gibt es auch Druck aus der Zivilgesellschaft oder den Medien, die solche Widersprüche anprangern. Doch reicht das aus, um echte Veränderungen zu bewirken? Oder bleibt es am Ende nur bei moralischen Debatten, während die Wirtschaftslobby den Kurs bestimmt?

Europa steht vor einer klaren Wahl: entweder es verteidigt

seine Prinzipien und seine Stellung in der Welt entschlossen oder es wird zum Spielball externer Mächte. Die Zeit des Zögerns ist vorbei. Jedes europäische Land muss seinen Beitrag zur Sicherheit leisten, militärisch, wirtschaftlich und politisch. Die Bedrohung ist nicht abstrakt, sondern real, sie reicht von hybrider Kriegsführung über wirtschaftlichen Druck bis hin zur gezielten Destabilisierung durch Propaganda.

Doch wird Europa standhaft bleiben oder wie Espenlaub im Wind erzittern? Die Antwort darauf wird nicht allein von politischen Führern bestimmt, sondern auch von der Entschlossenheit der Gesellschaften, ihre Werte zu verteidigen. Einheit ist der einzige Weg, um Souveränität und Stabilität zu bewahren. Europas Zukunft darf nicht dem Kalkül autoritärer Kräfte überlassen werden, sie liegt in den Händen derjenigen, die bereit sind, für Freiheit, Demokratie und Sicherheit einzustehen.

Die Welt wartet nicht. Entweder Europa beweist Entschlossenheit und verteidigt sich mit echtem Einsatz, wirtschaftlich, militärisch und politisch oder es riskiert, dass andere über sein Schicksal entscheiden. Prinzipien haben nur dann Gewicht, wenn man bereit ist, für sie einzustehen. Jetzt ist der Moment, das zu beweisen. Die Zeit der Illusionen ist vorbei. Die Welt ordnet sich neu, und wer nicht bereit ist, klare Entscheidungen zu treffen, wird von anderen entschieden. Europas Zukunft liegt nicht in Absichtserklärungen, sondern im Handeln.

Im Aufruhr stehtEuropa da wie ein Tourist ohne Regenschirm im Monsun.Während Putin mit Panzern und Propaganda jongliert, Trump den transatlantischen Handschlag zum Armdrücken umfunktioniert und Xi Jinping im Hintergrund genüsslich Tee trinkt, fragt sich der alte Kontinent: bleiben wir standhaft oder machen wir den Espenlaub-Test? Wird Europa handeln oder wird es wieder einmal, statt klare Antworten zu liefern, auf endlose Gipfeltreffen setzen, ernste Mienen aufsetzen und ganz viel diplomatische Wortakrobatik einsetzen. Währenddessen rüsten andere Mächte auf, schachern um Einflusssphären oder nutzen wirtschaftliche Abhängigkeiten als Druckmittel. Eins ist sicher: die freie Welt hat keine Zeit mehr für politische Wellness-Kuren. Wer nicht bereit ist, für seine Werte einzustehen, wird bald feststellen, dass sie ihm genommen werden. Europa gehört die Bühne, wird es bloß applaudieren oder alles verspielen?

J-G Matuszek

Universitäten: Innsbruck, Perugia, Salzburg.
Sprachwissenschaften. Diplom-Dolmetsch, Magisterabschluss.
Politikwissenschaften, Empirische Systemwissenschaften,
Internationale Beziehungen, Kommunikationswissenschaften, Philosophie,
Doktorat.
Postgraduierte Studien an verschiedenen Instituten: Marketing,
Werbung-PR-CI, Management-Controlling, Innovations- und
Entwicklungsmanagement.
Lizenzierter Unternehmensberater.

Beruflicher Werdegang:
Übersetzer und Dolmetscher, Gymnasial-Professor, Journalist.
Manager in multinationalen Konzernen.
Management Contracting in mittelständischen Unternehmen.
Beratung und Coaching in den Bereichen
Marketing, internationales Management und HR.
Vorstandsmitglied und Geschäftsführer in mehreren Unternehmen
in Deutschland und der Schweiz.
Zertifizierungs-Management von Unternehmen und
Organisationen. Vorstandsmitglied der Stiftung Globility-Circle, Schweiz.

Gastdozent an verschiedenen Universitäten und Business Schools. Autorin.
Parallel-Karriere als Sportler, Präsident des österreichischen Taekwondo-
Verbandes, High-Tech-Kooperationen zur Leistungsdiagnostik-optimierung
in Wirtschaft und Sport.

Bücher des Autors

NEW VALUE ECONOMY - Manager quo vadis?	ISBN 9783981263206
MANAGEMENT DER NACHHALTIGKEIT	ISBN 9783658022891
SPORT FÜR MANAGER	ISBN 9783658036379
MANAGEMENT DER POLITIK - EUROPA	ISBN 9783990108529
EUROPÄISCH DENKEN	ISBN 9783738625592
EUROPÄISCH HANDELN	ISBN 9783750414501
MANAGEMENT VERSUS SPIRITUALITÄT?	ISBN 9783854314501
RUF NACH DEM SINN	ISBN 9783748144199
MUT ZUM SINN	ISBN 9783750418943
KICKOFF ZUM SINN	ISBN 9783752690200
MANAGEMENT SET-UP	ISBN 9783751941884
DER MANAGER *Roman*	ISBN 9783752648911
REFLEXIONEN Lyrik	ISBN 9783752603866
DIE TAEKWONDO MATRIX	ISBN 9783754352571
THE TAEKWONDO MATRIX	ISBN 9783754395394
TAEKWONDO MATRIX - SPORT EFFIZIENZ	ISBN 9783758307423
EVALUIEREN	ISBN 9783756228805
PSYCHE DER WELTGESCHICHTE	ISBN 9783757810108
POLITIK @ GLOBALE WELT . INTL	ISBN 9783758307942
POLITICS @ GLOBAL – WORLD . INTL	ISBN 9783759706041
THE EUROPE CODE	ISBN 9783759787170

DER EUROPA CODE   ISBN 9783759708182

INTERKONNEKTIVITÄT   ISBN 9783759779687

INTERCONNECTIVITY   ISBN 9783759793485

INTERCONNECTIVITÉ   ISBN 9783769321777

PARTEIEN - QUELLEN DES UNSINNS EUROPAS ZUKUNFT ISBN 9783769355505

EUROPAS HOFFNUNG ALLIANZEN   ISBN 9783819206832

Verlag: BoD · Books on Demand GmbH, Überseering 33,

22297 Hamburg, bod@bod.de

Druck: Libri Plureos GmbH, Friedensallee 273,

22763 Hamburg

ISBN: 978-3-7693-5550-5